破解命理詐騙——
論紫微斗數與姓名學

謝士元 著

自序

　　我走過大江南北經歷不少算命師，手相、紫微斗數、八字、姓名學……等等，不過這些都是騙錢的江湖郎中，兩光命理師。用同樣公式算出來的命盤都大同小異，不過文字是死的，人是活的，每個人解說的都會不一樣，一樣的是他們都講你不好的地方，人沒有十全十美的，這就是人性的弱點。說什麼專精八字命理、命名改名、陽陰宅風水、做良緣、斬桃花、補財運、制病符、解沖煞。然後他們下一步就會推銷你買一些水晶、印章、項鍊，還有一些說加持過的開運改運吉祥物，蓮花座，說能改變磁場，從此以後百毒不侵，逢凶化吉以後榮華富貴，別高興太早，告訴讀者這都是騙人的，所以我決定來揭開這神秘的命理學招術，幫助讀者揭曉這玄之又玄的秘密，輕鬆學會，算命這玩意，不再讓江湖術士有機可趁，來詐騙無辜民眾之血汗錢，這是一本善書，教導啟化人心，**所謂君子愛財，取之有道，而不是小人愛財不擇手段**。告訴讀者一件真事，紫微斗數歷經千年的歷史，留下來的真跡太少，很多都是後人加以補綴，因此留下來的紫微斗數，很多是假，以星曜來說一百多顆，哪一位命理師會全部使用，可以用的不過三十顆，其餘都是後人加油添醋，廟利陷旺，更多算命師也知道其中有詐。所以紫微斗數重於徵驗，前人之心血經驗，即星情組合四化契機之心得，在一定程度上，可使學者，有如金庸小說的「**九陰真經**」，得之可稱霸江湖。當然秘訣只適用於知其道之人。

　　古人說：**一命、二運、三風水、四積陰德、五讀書**，所以才有算命改運的盛行，這證明人類對未來的不安全感。舉例來說，一個人運氣好，但他的命不好時，就會出現像郭台銘這樣的大人物，在

別人眼中他是人人稱羨的**台灣首富**，但他並不這麼認為，他說**有錢不一定快樂**，老天爺對他開了一個很大的玩笑，帶走他一生中最愛的老婆和親人。但命好，運氣不好時，比比皆是，最典型的例子，就是有志難伸的陳水扁，現任台灣總統，他一路走來風風雨雨，想改革卻無法如願。這足以證明，時勢造英雄很容易，英雄造時勢卻難上加難，也許冥冥之中，早有定數。請問有哪一位命理老師，可以大聲站出來說，他可以運用他的專業，用他的磁場改運和加持過的開運吉祥物，能讓台灣政局安定，中國大陸的飛彈可以轉向，不再朝向兩千三百萬，愛和平、民主的台灣人民，有誰能這樣做，我想是沒人敢保證，為什麼？原因很簡單，命理老師都是信口開河，只會放馬後炮，他們都是凡人而已，因為算不準的變數太多。而非套用電腦程式，就能領會其中神妙的邏輯理論。命理的原始出發點是善的，只是讓不學無術的算命師給用上了邪路。我很清楚，只有當每一個人都懂得命理的基本原則之後，這些神棍就會自然被淘汰，那時候，真正的命理之美才會出現。

　　紫微斗數因為預測細緻及準確性頗高，而深受大眾喜愛與重視。所以本書特色，讓讀者輕鬆學會紫微斗數、來知道自己的命盤，可以看到人生運程好壞的循環，再以正確的人生觀去面對，而不是用迷信的方式去破財消災。讓讀此書的人無師自通，萬事不求人，並能知命掌運，共研人生。所以任何術數，包括紫微斗數，子平八字及風水都有局限，絕對不是萬能。術數只能說出天運，但地運和人運則非在我們控制範圍之內。所以命運有一半是掌握在自己手上。最重要的是知命。當然讀者會問我說那該如何改運改煞呢？唯一的方法就是**心存善念，諸惡莫做**，福雖未至，但禍已遠離。如果『**其心不正，雖多讀書反增罪惡**』，隨書附上救劫文，助善之家必有餘慶。人間善惡並非絕對有所回報是事實，但是只要行善，必能積運。而人生是一種等待，命不好或運不佳時，請虛心等待好運再起。不要心急如焚，亂投醫，以免讓有心之人有機可趁。請深記在心。

一定要切記，人本身並不是一種邏輯的動物，而是一種充滿感情、偏見和虛榮的動物。

當我們排出斗數命盤後，紫微斗數的閏月起盤定律仍然是一個頭痛的問題，例如生於當年閏月前 15 日，是以前一個月為出身月份，相反則以後一個月為出生月份。的確，在費了長久的時間，花了相當的勞力而完成的命盤，這純然是屬於你自己的。然而斗數命盤共有 144 種排列，可能同樣命盤的人彼彼皆是。一年分四季：「春、夏、秋、冬」各有不同。你跟我都有疑問，同年同月同日同時辰者，何其多；在中國大陸有數千人之多；在台灣也有數十人之多，紫微斗數命盤一模一樣，命運會一模一樣嗎？當然只用單一八字紫微來算命，已經無法讓人心服口服，所以要加看人的手相、面相、卜卦、等等，才可以區分同命不同運的地方，不過信奉**北極玄天上帝**方知人生的命運，來自因緣果報，所以不必貪求，命裡有時終須有，命裡無時莫強求，人人都想有福報，無德之人，也有福報，這公平嗎。

希望藉由深入淺出的說明，能夠引導愛好者，揭開命理詐騙手法並分享研究心得與經驗，同時以命理觀念針對命運、算命與紫微及姓名學等原理作釐清，希望能幫助您建立更正確、更理性的命理觀念。書中如有筆誤，論理錯誤之處，敬請指正。

◎當我們將善念播種，社會的希望就會萌芽，而我們社會需要有願意耕耘的人，希望和溫暖才會不斷累積。

辛巳－疾厄-55~64	壬午－財帛(宮)－45~54	癸未－子女－35~44	甲申－夫妻－25~34
紫微,七殺,天馬,化科,天巫,孤辰,蜚廉,破碎,天使,臨官,伏兵 5 17 29 41 53 65 77 89 101 113	文昌,天喜,封誥,天貴,截路,冠帶,大耗 6 18 30 42 54 66 78 90 102 114	地空,華蓋,龍池,鳳閣,空亡,沐浴,病符 7 19 31 43 55 67 79 91 103 115	天鉞,文曲,月馬,解神,天福,長生,喜神 8 20 32 44 56 68 80 92 104 116
庚辰－遷移－65~74 天機,天梁,左輔,擎羊,化祿,化權,恩光,天官,天空,帝旺,官符 4 16 28 40 52 64 76 88 100 112	謝元元先生—屋上土 5 局－陰男—生肖屬兔 陽曆 1975 年 3 月 6 日 陰曆乙卯年 1 月 24 日 命主：祿存；身主：天同 生年四化：		乙酉－兄弟－15~24 廉貞,破軍,天刑,天虛,天壽,養,飛廉 9 21 33 45 57 69 81 93 105 117
己卯－交友－75~84 天相,地劫,祿存,三台,天哭,天殤,衰,博士 3 15 27 39 51 63 75 87 99 111	天機化祿，天梁化權，紫微化科，太陰化忌		丙戌－命－5~14 右弼,台輔,天月,胎,奏書 10 22 34 46 58 70 82 94 106 118
戊寅－事業－85~94 太陽,巨門,鈴星,陀羅,陰煞,病,力士 2 14 26 38 50 62 74 86 98 110	己丑－田宅－95~104 武曲,貪狼,火星,天姚,寡宿,天才,旬空,死,青龍 1 13 25 37 49 61 73 85 97 109	戊子－福德－105~114 天同,太陰,天魁,化忌,紅鸞,咸池,旬空,墓,小耗 12 24 36 48 60 72 84 96 108 120	丁亥－父母－115~124 天府,八座,絕,將軍 11 23 35 47 59 71 83 95 107 119

宮位星象：

　　命宮裡無任何十四顆主星坐命。無主星的發生機率為六分之一，並非是罕見的情況。個人特質不明顯，發展不具特定方向。命宮無主星，應以本宮其它甲級星及其對(遷移)宮天機、天梁星共同綜合論命。

　　天機、天梁星同坐，足智多謀，機敏靈活，能言善辯，具分析及企劃能力，具巧思巧技，才華出眾，有先見之明，具魄力，肯上進，勇於任事，適應力強，事業有成。心地慈厚，沉穩安份，古道熱腸，處事周全，求名重求利，廣受好評。理論重於實踐，辛勞孤獨。

　　天同、太陰星同坐福德宮，溫柔善良，感情豐富，公關強，有異性緣，應對得體，不得罪人，易遭小人陷害，注重生活品質情趣，同坐子宮，錢財收入穩定，身心安泰。

目錄

第一章　淺談紫微斗數與姓名學

一、紫微斗數的由來

紫微斗數可說是由「四柱八字」延伸出來的一種算命方法，因為「四柱八字」陰陽五行的運算很複雜難懂，因此在宋代時由「陳希夷」改以「星宿」來代表各種吉凶善惡的變化，再配合 12 宮位的運用，來說明一個人命運發展的吉凶，看星曜推個性有不可思議的準確度。不過雖然說紫微斗數是先賢陳希夷所創（以南派「蛛絲」為代表），但也有人說是朱熹後代朱英風師太所創（以北派「馬跡」為代表）。所以紫微斗數至少在中國已流傳了超過一千年以上。當然斗數據說是陳希夷所創，這已不重要。因為自創立後數百年，斗數似乎被冰凍起來般，並未得到很大的發展，據說今日斗數的秘笈是清版書，同治年間出書，至今不過百多年。關於著作權問題，紫微斗數已流傳千年之久，應該沒有所謂抄襲的問題，而關於有些來源也無法證明來自何方，我只能分辨對與錯而已。

「紫微斗數」以紫微星為主，是利用一個人的出生、年、月、日、時辰，去分析一個人命和運的好壞、吉凶、優缺點，這套理論在設計時，就設計了紫微星以及關於人生方向的十二宮，透過每顆星曜的特質以及十二宮本意，就能知道自己的命、運，還有人生的方向，只要具備一般中文程度，且建立起正確的邏輯觀念去瞭解自己的吉凶，有非常大的幫助，這便是紫微斗數最迷人的地方。若以現代的說法，紫微星就是地軸中心向北延伸線位極點的那一顆星，也叫「北極星」。由於天體運行與地球自轉的原理，地球由西向東自轉，我們所看到的星體諸如月球、太陽、星星等皆由東方昇起，

西方落下，只有北極星看起來是靜止不動的，眾星皆圍繞著它旋轉，使紫微星地位看來尊崇，有如帝王一般。所以紫微斗數概分三大架構：

　　一、天干盤：有甲、乙、丙、丁、戊、己、庚、辛、壬、癸所
　　　　　　　　引導出的天命。

　　二、地支盤：有子、丑、寅、卯、辰、巳、午、未、申、酉、
　　　　　　　　戌、亥，所創造的空間才能讓生命去行動，意亦是行運。

　　三、星曜：有主要的十四顆主星象徵天地之子表現出生命的特
　　　　　　　質、習性、相貌、好惡與感受、概分身、心、靈三大特性。

二、姓名學的由來

　　姓名學起緣甚早，於書籍可考者最早見於明代，萬育吾氏所編之三命通會一書，其次當推宋代初期，邵康節氏之巨著，皇極經世術書中，五音，四聲，字韻，數律……等理論詳盡，稍後宋朝又出現了一位大哲學家，即西山絕頂之隱士「蔡九峰」，首創八十一名數圖，八十一數原圖及蔡九蜂八十一數圖，以論筆畫之吉凶，但終究失傳。直到最近之數十年前，於日本國之維新中葉時，「熊崎健翁」依「蔡九峰」八十一數精義略加修改，努力弘揚於日本，使學術逐漸普及各地，並命此學術為「熊崎姓名學」，姓名學至此始得重現昔日光揮而風行天下。

　　從姓名學的發展歷史我們可以明瞭，目前所使用的姓名學格局，主要是由日本「熊崎健翁」先生，運用中國的易經與五行文化基礎，所創立的姓名學格局，因日本人大多為複姓，故格局均定義在四字以上。也就是「熊崎建翁」的八十一靈動數姓名學。包括筆劃吉凶、三才五格、生剋關係等等。姓名學的論斷大略可分成「個性」、「事業」、「婚姻」、「健康」、「遭遇」等五大項，相信已涵蓋一般所需，但是自從姓名學流傳之後，各家理論紛紛出籠，直到最近

還有生肖姓名學、八字姓名學、倉頡姓名學、九宮姓名學、九星姓名學較為人所知道使用。不過姓名學雖然這麼多，但是重點都差不多，都是注重姓名筆劃吉凶、三才五行生剋的配置兩項關係。不論你的姓名是否符合眾派學理，它都只是一個輔助工具。換句話說，後天的努力最重要！如果你不懂得這箇中道理，個性還是不改，那麼給你任何再好的名字，結果都是一樣的。有些人感慨為什麼姓名取的好，為什麼命不好，為什麼八字不好，卻可以當上董事長、總經理，好人為什麼不長命，總總的為什麼？這就是此書學習揭曉的重點，也防止不肖算命師胡說命運，進行詐騙詐財行為。另外，世上有一誤謬之論，言及算命者多殘疾，實際上是「倒因為果」之論。真正之情形是，古時候那些殘疾者，因為殘疾在先，生活無以為繼，且不具有一般之勞動工作能力，因而只得改以「知識」為業。其中有許多殘疾者採用的方法，便是苦心學習命理，透過命理為業，而且為人解答疑惑。也就是說，他們並非因為算命而殘疾，而是殘疾在先。這就說明了，算命其實跟殘疾無關。但若以算命為業，卻用以違犯法律，從事姦犯之行，恐怕就難逃因果之懲罰業力了。俗話說「窮算命、富燒香」，會時常算命者，在當時期大多運勢不佳，或遇上不如意之事。故自我需建立正確的命理觀念與知識，才不致於遭人擺佈，破財事小，身心受創才是影響深遠。由上觀之，我們可明瞭到，台灣是全世界命相最發達的地區之一，命理師的角色取代了心理醫生。

⊙ 年歲對照 ⊙

民國	西元	干支	歲	生肖
民前三(宣統元)	(1909)	己酉	一○○歲	雞
民前二(宣統二)	(1910)	庚戌	九九歲	狗
民前一(宣統三)	(1911)	辛亥	九八歲	豬
民國元	(1912)	壬子	九七歲	鼠
民國二	(1913)	癸丑	九六歲	牛
民國三	(1914)	甲寅	九五歲	虎
民國四	(1915)	乙卯	九四歲	兔
民國五	(1916)	丙辰	九三歲	龍
民國六	(1917)	丁巳	九二歲	蛇
民國七	(1918)	戊午	九一歲	馬
民國八	(1919)	己未	九○歲	羊
民國九	(1920)	庚申	八九歲	猴
民國一○	(1921)	辛酉	八八歲	雞
民國一一	(1922)	壬戌	八七歲	狗
民國一二	(1923)	癸亥	八六歲	豬
民國一三	(1924)	甲子	八五歲	鼠
民國一四	(1925)	乙丑	八四歲	牛
民國一五	(1926)	丙寅	八三歲	虎
民國一六	(1927)	丁卯	八二歲	兔
民國一七	(1928)	戊辰	八一歲	龍
民國一八	(1929)	己巳	八○歲	蛇
民國一九	(1930)	庚午	七九歲	馬
民國二○	(1931)	辛未	七八歲	羊
民國二一	(1932)	壬申	七七歲	猴
民國二二	(1933)	癸酉	七六歲	雞
民國二三	(1934)	甲戌	七五歲	狗
民國二四	(1935)	乙亥	七四歲	豬
民國二五	(1936)	丙子	七三歲	鼠
民國二六	(1937)	丁丑	七二歲	牛
民國二七	(1938)	戊寅	七一歲	虎
民國二八	(1939)	己卯	七○歲	兔
民國二九	(1940)	庚辰	六九歲	龍
民國三○	(1941)	辛巳	六八歲	蛇
民國三一	(1942)	壬午	六七歲	馬
民國三二	(1943)	癸未	六六歲	羊
民國三三	(1944)	甲申	六五歲	猴
民國三四	(1945)	乙酉	六四歲	雞
民國三五	(1946)	丙戌	六三歲	狗
民國三六	(1947)	丁亥	六二歲	豬
民國三七	(1948)	戊子	六一歲	鼠
民國三八	(1949)	己丑	六○歲	牛
民國三九	(1950)	庚寅	五九歲	虎
民國四○	(1951)	辛卯	五八歲	兔
民國四一	(1952)	壬辰	五七歲	龍
民國四二	(1953)	癸巳	五六歲	蛇
民國四三	(1954)	甲午	五五歲	馬
民國四四	(1955)	乙未	五四歲	羊
民國四五	(1956)	丙申	五三歲	猴
民國四六	(1957)	丁酉	五二歲	雞
民國四七	(1958)	戊戌	五一歲	狗
民國四八	(1959)	己亥	五○歲	豬
民國四九	(1960)	庚子	四九歲	鼠
民國五○	(1961)	辛丑	四八歲	牛
民國五一	(1962)	壬寅	四七歲	虎
民國五二	(1963)	癸卯	四六歲	兔
民國五三	(1964)	甲辰	四五歲	龍
民國五四	(1965)	乙巳	四四歲	蛇
民國五五	(1966)	丙午	四三歲	馬
民國五六	(1967)	丁未	四二歲	羊
民國五七	(1968)	戊申	四一歲	猴
民國五八	(1969)	己酉	四○歲	雞
民國五九	(1970)	庚戌	三九歲	狗
民國六○	(1971)	辛亥	三八歲	豬
民國六一	(1972)	壬子	三七歲	鼠
民國六二	(1973)	癸丑	三六歲	牛
民國六三	(1974)	甲寅	三五歲	虎
民國六四	(1975)	乙卯	三四歲	兔
民國六五	(1976)	丙辰	三三歲	龍
民國六六	(1977)	丁巳	三二歲	蛇
民國六七	(1978)	戊午	三一歲	馬
民國六八	(1979)	己未	三○歲	羊
民國六九	(1980)	庚申	二九歲	猴
民國七○	(1981)	辛酉	二八歲	雞
民國七一	(1982)	壬戌	二七歲	狗
民國七二	(1983)	癸亥	二六歲	豬
民國七三	(1984)	甲子	二五歲	鼠
民國七四	(1985)	乙丑	二四歲	牛
民國七五	(1986)	丙寅	二三歲	虎
民國七六	(1987)	丁卯	二二歲	兔
民國七七	(1988)	戊辰	二一歲	龍
民國七八	(1989)	己巳	二○歲	蛇
民國七九	(1990)	庚午	一九歲	馬
民國八○	(1991)	辛未	一八歲	羊
民國八一	(1992)	壬申	一七歲	猴
民國八二	(1993)	癸酉	一六歲	雞
民國八三	(1994)	甲戌	一五歲	狗
民國八四	(1995)	乙亥	一四歲	豬
民國八五	(1996)	丙子	一三歲	鼠
民國八六	(1997)	丁丑	一二歲	牛
民國八七	(1998)	戊寅	一一歲	虎
民國八八	(1999)	己卯	一○歲	兔
民國八九	(2000)	庚辰	九歲	龍
民國九○	(2001)	辛巳	八歲	蛇
民國九一	(2002)	壬午	七歲	馬
民國九二	(2003)	癸未	六歲	羊
民國九三	(2004)	甲申	五歲	猴
民國九四	(2005)	乙酉	四歲	雞
民國九五	(2006)	丙戌	三歲	狗
民國九六	(2007)	丁亥	二歲	豬
民國九七	(2008)	戊子	一歲	鼠

第二章 姓名學剖析

　　首先我介紹一本好書給讀者—《國學與現代生活》，這是由台灣國立中山大學博士，所編製的，他精通三國語言，**中文、日文、英文**，謝明輝老師目前任教於中山大學、台南大學及長榮大學等校，**是國內最具專業權威的姓名學大師**，謝教授的書中有提到姓名學，為了不讓我們的姓名受到某些數字或文字公式的擺佈，我截取書中某小段來現身說法。

　　參考《國學與現代生活》，第四章姓名學與文字應用，第 89 頁起、和 173 頁起，姓名學與儒家精神。姓名學的研究，歸納起來大約分為兩大派，一是文化派，一是胡說派。所以命理學都以這兩大派為主，並在世界各地每一個角落處處可見。文化派姓名學的書籍，因其性質屬於學術的嚴謹考證，所以這類書籍只有束之高閣，寂寞地沉睡在各大學的圖書館裡。而胡說派姓名學書籍，因掌握人類對命運不安全感的心理，所以能大行其道，行逕囂張地穿梭於學術殿堂與坊間書局中。以下我先探討一下胡說派的姓名學是如何應用文字原理，結合中國傳統的陰陽五行、天干、地支來撫慰人的心靈，來胡說他們的命運。為什麼胡說呢？因為他們只要懂一些公式，再依姓名的結構加以機械式的套用，這樣就可以取信某些人了，否則怎麼會有三分鐘就學好姓名學的主張呢？換句話來說：關於姓名學的派別，確實很多，但歸根究底還是只有兩大類，就是「對的派別」和「錯的派別」，所謂「對的派別」就是能夠改善人生，增進人生福祉的姓名學。而所謂「錯的派別」，就是用了運氣會變壞、會倒楣的姓名學。這兩種派別會同時存在於世上，就好像世界上的所有事情，

都同時會存在正邪兩派一樣。許多人常常會被騙、遇到錯的派別，這確實是令人頭痛的問題，只有請讀者稍微用心去查覺，以減少受到傷害的機會了。

第一節　介紹姓名學公式

所謂三才五格指的是，名字中的天格、人格、地格、總格、外格等五格，五行生剋是將筆劃劃分木、火、土、金、水的變化作用，而五行依奇、偶數分陰陽。也是說透過五行生剋讓五格產生交互作用，但是都以人格為主要中心，由此向外觀察各格的關係如何。所以藉由姓名學的分析，可以窺見一個人的身體健康、人格特質、婚姻狀況、職場表現、財富等等。

一、陰陽：奇數為陽：如 1、3、5、7、9

偶數為陰：如 2、4、6、8、0

◎太極生兩儀，兩儀生四象，四象生八卦……而兩儀就是陰陽。易經定義凡事物均有一體兩面，重要的有「奇為陽，偶為陰」「陽乃剛，陰乃柔」等，許多原理由此而生。

二、五行的生剋：（木、火、土、金、水）

相生：金生水、水生木、木生火、火生土、土生金。

相剋：金剋木、木剋土、土剋水、水剋火、火剋金。

◎五行即木、火、土、金、水五大基本要素。傳統文化認為，各類事物均可以五行來區分，如干支、季節、方位、人體、顏色、味道、個性、聲音……等，幾乎涵蓋日常生活中可接觸到的事物。而五行又有相生與相剋的特質，故許多事物可藉由五行的

運算，瞭解元素之興衰，來判別事物的起伏變化，此為五術中的重要工具。以上特性極其重要，請大家牢記心中。

三、五行天人相關簡表：（紫微斗數星曜與疾病器官顯象，後續會詳加說明）

表一

五行	季節	方向	五氣	五臟	五體	五官	五色
木	春	東	風	肝膽	筋	目	青
火	夏	南	熱	心、小腸	血	舌	赤
土	四季	中央	濕	脾、胃	肉	口	黃
金	秋	西	燥	肺、大腸	皮毛	鼻	白
水	冬	北	寒	腎、膀胱	骨	耳	黑

◎木：為人正直、仁慈、良心道德，心腸很軟。五臟為「肝」，五官為「眼」，泛指人體「解毒系統」之臟器而言。

◎火：為人性急、脾氣暴燥，易怒，個性剛烈。五臟為「心」，五官為「舌」，泛指人體「血液循環系統」之臟器而言。

◎土：為人忠厚老實，守信用，重承諾，個性溫和。五臟為「脾」（亦包括胃），五官為「牙」，泛指人體「消化系統」之臟器而言。

◎金：為人剛毅果決，不屈不撓，個性倔強。五臟為「肺」，五官為「鼻」，泛指人體「呼吸系統」之臟器而言。

◎水：為人隨和，無脾氣。水乃一種不定型之物質，放在碗中即為碗的形狀；放在杯中，即為杯的形狀。故個性亦不易安定，喜新厭舊之態。五臟為「腎」。五官為「耳「，泛指人體「排泄系統」之臟器以及更深層的討論，是指「生殖系統」（包括內分泌系統）之臟器。

四、十天干與五行方位對照：(甲、乙、丙、丁、戊、己、庚、
　　辛、壬、癸)

　　甲乙東方木、丙丁南方火、戊己中央土、庚辛西方金、壬癸北
方水

五、天干的生剋：

　　相生：甲乙木生丙丁火、丙丁火生戊己土、戊己土生庚辛金
　　　　　庚辛金生壬癸水、壬癸水生甲乙木
　　相剋：甲乙木剋戊己土、戊己土剋壬癸水、壬癸水剋丙丁火
　　　　　丙丁火剋庚辛金、庚辛金剋甲乙木

六、十二地支與五行方位四季對照：(子丑寅卯辰己午未申酉
　　戌亥)

　　寅卯（辰）屬木、位於東方、春天
　　己午（未）屬火、位於南方、夏天
　　申酉（戌）屬金、位於西方、秋天
　　亥子（丑）屬水、位於北方、冬天
　　其中辰未戌丑屬土、位於中央、立春、立夏、立冬

七、地支與生肖對照：(十二生肖恰好配十二地支)

表二

子	丑	寅	卯	辰	己	午	未	申	酉	戌	亥
鼠	牛	虎	兔	龍	蛇	馬	羊	猴	雞	狗	豬

八、姓名筆劃與五行：

　　一二劃屬木、三四劃屬火、五六劃屬土、七八劃屬金、九十劃屬水

九、姓名學的五格：（天格、人格、地格、外格、總格）

◎很多人都有一個錯誤的觀念，以為看名字的好壞，只要看「總筆畫數」。其實沒有那麼單純，應該是要分析整個姓名格局，才能正確判斷。

◎以人格為中心，故為最主要。

◎外格與天格、地格輔助人格而組成天、人、地三才局，涵蓋人生大半光陰，居次。

◎最後才是總格，原因是基礎運（地格）若不佳，則主運（人格）難旺。

◎主運不旺只待副運（外格），副運再未有起色，老運（總格）亨通則亦無福消受也（所謂老來發不是福！）。

★故一般人大多一知半解的將姓名之總筆劃數對照數理吉凶，以為吉則喜，以為凶則憂，殊不知前運若不佳（甚至早夭而逝），更何談到老運（總格）。

第二節　以謝明輝教授名字為例

◎姓名結構中以五行的筆畫換算為陰陽五行，再論其相生相剋的關係，以推求個性才情、家庭相處、人際關係對待及各種運勢流轉。此人興趣廣泛、講信用、挫折容忍度高。對雙親孝順、對長官尊敬；深受小朋友愛戴，可以娶到幫夫運的妻子，交遊眾多，待人接物得宜……等。

表三

```
                          1
              謝  17  》  18   天格（陰金）吉
   吉 16 外格（陰土）
              明  08  》  25   人格（陽土）吉
   37   48 歲                 25   36 歲
              輝  15  》  23   地格（陽火）吉
              --------------------------  1   24 歲
              40   總格（陰水）   吉帶凶
                      49 歲   老
```

一、**天格**是 1 加〔姓〕之總和，代表長輩或長官或丈夫。

二、**地格**是〔名一〕加〔名二〕的總和，主 1 到 24 歲的運程，代表晚輩或妻子。

三、**人格**是〔姓〕加〔名一〕的總和，主 25 到 36 歲的運程，代表個性與情感。

四、**外格**是〔名二〕加 1 的總和，主 37 歲到 48 歲的運程，代表人際關係的互動。

五、**總格**是〔姓〕加〔名一〕與〔名二〕的總和，主 49 歲到老的運程，代表總体運勢，及外在表現行為（與人格相對）。

第三節　再以作者姓名分析

◎個性實際屬於內斂，有責任感且擁有良好的計劃組織能力；謀事按部就班、求穩，屬於默默耕耘的類型，對所交代的事項能謹慎小心地做好，對例行的工作能青出與藍勝於藍，准確的計算能力是你的強項；有鑒於你具備完善的組織支配力，准確的計算能力、所以從事與技術或數目相關行業肯定有一番作為、

負責任與踏實可在職場上建立良好信譽、物質和心靈上的追求中取得安全感。由於你作事的態度保守，理財實際又有計劃性，可從節儉中累積財富。另一面天生個性比較封閉，也不是很有自信心，通常也比較相信「命運」的存在，有時在相信命運上面，表現得比較宿命，會覺得如果命運就是這樣了，努力恐怕效果也不太好，因而就會有努力不夠的情形。在這裡我就要「順水推舟」地告訴作者本人，相信「命運的存在」，其實也有好處，因為這可以轉化成一種「安定的力量」。不過最近有些人發生了一些誤解，以為「只要筆畫好，就是好名字」，甚至覺得奇怪：「為什麼筆畫『好』，運仍然不好？」這裡必需釐清一個觀念，筆畫「好不好」，並不能簡單、草率地判斷，必需用八字鑑定。也就是說「吉數」不一定是吉的，若八字忌諱「火」，而您命名用到「24 劃」（24 屬火），即使 24 劃是「智略、白手起家」之吉數，一樣成為「凶數」，會造成「劫財」，不容易成功、積財，情緒不佳、而且一生小人多。

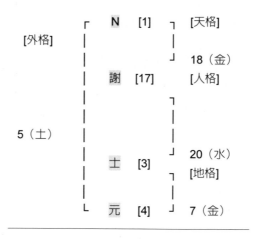

[總格]24（火）

第四節 姓名學是講究「專業」不是講究流行

　　有了以上簡單的知識概念後，我們再來瞭解他們的內涵。胡說派的姓名學研究，大約可分為以下幾類：生肖姓名學、易經姓名學、格局姓名學、九宮流年姓名學、三才五格姓名學、八字姓名學等六類。他們的推算，無非是根據數字筆劃及文字兩大主軸。這些數字真有這麼大的魔力嗎？你相信數字還是相是自己？也就是說，讓命運掌握在一堆數字的排列上，還是掌握在樂觀積極的想法上呢？姓名學大師常常誇大改名的功效，認為改名字可以扭轉命運，於是又竄改古人名言，將『一命、二運、三風水、四積陰德、五讀書』改成『一命、二運、三風水、四取好名、五讀書』。於是動不動就要，求教者改名，改名後的成效如何，我想只有當事人才知道！不過我最近倒是遇見許多改名字的朋友紛紛又改回自己原來的名字，我想可能是他們改名字的成效不如預期的好吧！即使所有的人都用好名字，但是八字等級還是有天生的不同，因此並不是好名字的人運勢都應該相同，仍然有高低之分的。無論如何，『內行的看門道、外行的看熱鬧』，名字吉凶確實不是一般初學者能確認的。大家都知道，姓名學發展至今已經衍生出許多門派（就屬胡說派最大派），有九宮、數理、生肖、拆字、易經等眾多派系。只是天地間確實有「因果力量」之存在，若善用一種「預知的科學」，能幫助人類的話，種下的就是善因；反之，用「預知的科學」來欺騙人類、傷害人類，種下的就是惡因，終將自食惡果。

第三章　初學者指南

★初學紫微斗數，判讀命盤時可掌握下列要領：

一、用星曜的影響力來分類

◎通常是以甲級星的影響力為最大，乙級星次之，丙級星例如：

◎**甲級星**：紫微，武曲，天機，貪狼，太陽，天同，廉貞，天府，巨門，太陰，天相，天梁，七殺，破軍，左輔，右弼，天魁，等等。

◎**乙級星**：天刑，天姚，天官，天福，解神，天巫，天月，陰煞、台輔，封誥，天空，天哭，天虛，龍池，鳳閣，紅鸞，天喜，孤辰，寡宿，等等。

二、利用每顆星曜來解釋人生命運

　　由固定公式排列出命盤，命盤是以八卦的太極為中心，分列 12 宮位、就透過 12 宮位，你將會了解你自己，預先得知方向和運勢。本命宮裡有什麼主星，還有什麼凶星，所以就會有什麼樣的性格特質。在紫微斗數中，命運之輪的推手──四化星，就根據四化星來解釋一個人內心或命盤特質是很重要的。在每一個命盤中都會有四顆星，但是落在何處則會有不同的影響。比方說：**化祿星**－加強星曜中的財祿性質，**化權星**－加強星曜中的權力性質，或增加星曜的穩定性。化科星－加強星曜中的名譽及聲望。**化忌星**－加強星曜中

的缺點。算命的目的不是要預測未來，而是要規劃未來。除非，你的人生只想隨波浮沉。

三、紫微斗數判斷人之際遇，不如意之事十之八九

　　此書為現代人最好之心理指引，指引你走向正確之人生觀，婚姻、事業、財運、官運、子女、疾厄、遷動等皆可由這裡，得到你所需求之答案。夫妻生活是人生中相當漫長而且重要的一個階段，如果能找到一位好伴侶，共赴人生旅途，是十分幸福的事，因為婚姻的幸福與否，對於一個人的事業逆順及命運否泰影響至大。而天無絕人之路，一定會有緩衝的空間，平日多行善事，冥冥之中自會有所安排。無形中也會有貴人幫助你，所以說任何事情都沒有一定絕對的結果，即使是天意，也有轉機的。知命造命，圓滿人生。

四、天下萬物都有「五行磁場」

　　當然在星宿、十二宮位，甚至每個人的基本命局也都是會有「五行」的，所以在八字中稱為「日主」、「本命元神」，而在斗數中稱為「五行局」，這就是代表一個人基本的內在心性。所以用「五行局」來探討每個人的本性根源、及生命內在的潛能、與能量。再以正確的觀念去看待命運；既然紫微斗數是以「星宿」來象徵代表各類、各種事物的吉凶變化和好壞與否，所以對於星宿基本特性的瞭解，應是入門的第一步。

五、星宿幾乎都會分佈在十二宮命盤中

　　十二宮位「命宮、兄弟宮、夫妻宮、子女宮、財帛宮、疾厄宮、遷移宮、奴僕宮、官祿宮、田宅宮、福德宮、父母宮」是我們要以紫微斗數來批論命局的重要項目。在看論十二宮位的吉凶時，有一

個觀念很重要，就是斗數的主星星宿幾乎都會分佈在十二宮命盤中，此時一個現象就會產生，宮位中絕對會出現吉星和凶星的，絕不可能一個命盤中都是「吉星」！所以再次的說明**人是絕對不會有「十全十美」的好命！或是「一無是處」的壞命！**當然就有一些江湖術士借此弱點敲詐不知的民眾，說來實之可惡，所以讀此書再也不用對命運低頭，任人擺佈了。該如何來看此宮位的吉凶是紫微斗數稍微叫人難懂得一部份，就是在看斗數命盤時，我們會發現一個宮位中，可能會有一到三顆的主星宿在裡面，那此時該如何來看此宮位的吉凶呢？這當然要看功力摟。分析命盤或是斷行運，務必分清是論格或論行運，不可亂化亂套。論命要有先後才不致混淆，如果你既看生年忌，又要看本命四化，又要看大限四化及流年四化，你當然不知如何判斷，目前有太多自稱大師的都是這種半調子，**所以這就屬胡說派最專業了，他胡說的原因就是欺負你不懂啦。**

六、解說「廟、平、陷」三種旺、衰度

　　初學者基本上只要簡單的知道「廟、平、陷」三種旺、衰度，星宿的特性除了會和其他同宮位的星宿產生融合、牽制的變化外，本身的吉凶特性強度，也會有所謂的旺、衰，強弱的變化，使得吉凶隨著強弱又來產生另一種轉化。而紫微斗數就分為七種等級「廟、旺、得、利、平、不、陷」。一般而言。所謂『**平**』指的是星星的特性不好也不壞，不常發揮。『**廟**』則是正面能量較高，且發揮的頻率也較大。『**陷**』則是發生的機率較少，且是較負面的情況。所以廟旺平（利）陷是斗數中的術語，用以表示星曜在某宮位的得失，同一星曜在不同的宮位其威力可以差異很大，最能發揮星的正面力量是為廟，所謂吉星祥瑞，凶星不惡。最不利是為陷，將星曜不吉利的一面顯露出來，這一點很重要。所以大家想知道這個宮位是好是壞，最簡單的方法就是先看宮內主星的旺衰度為何，再看裡面的輔星與

該宮特性，來做初步的評斷。所以基本上，只要該宮位的三方四正裡，旺衰度較高的主星佔了一半以上就可以說是吉，表示這樣的格局不錯，甚至是遇到煞星的影響力也會變小。就好比一間教室，好學生很多，壞學生也就跟著乖了起來，**所以看到凶星先不要怕它，不一定是不好的喔，有時也會激發你挑戰競爭的意識，就所謂有互補作用。**但也有人主張，斗數中大部分小星曜都是沒有用的，天傷天使古書說可以斷生死也是唬人的，廟旺利陷也是沒有用的，斗數的一切重點在四化星的變化上，所以化祿和化忌才是決定因素。

七、判斷考試運、升遷或創業和婚姻淺說

　　如你要判斷考試運，就由考試當天所行的宮位，看看該宮是否有文昌、文曲或其他吉星，或與這些吉星會照。若有，則當天考試運佳。無吉星也無凶星，則考運平平。無吉星但有凶星，比較無法發揮原有實力。如看財運就以武曲、天府、太陰、貪狼為財星。以短期投資來說，若當月運氣佳（看流月值宮），而且流日宮有這些財星，或與這些財星會照時，則當日之財運佳。凡是投機或投資所得之財，需由福德宮來探求；亦即說：不由自己的體力智力等賺來的容易錢，並不是看財帛宮。武曲、天府、太陰為正財，貪狼為偏財。正業的財運看正財，副業或股票投資、彩券等看偏財。不動產投資以太陰為主財星，其他為副財星，若要升遷或創業，先由大限、小限、流年查看今年運氣，若運氣好，再查看流月宮是否有祿存、化祿、天魁、天鉞、化權等星曜，天魁和天鉞是貴人星，則當月升遷之機會較大。如果查看婚姻，以紅鸞及天喜為主。若流年值宮有紅鸞或天喜時，該年成婚之機會大，流鸞、流喜已婚者可得子。若流年值宮為天姚時，雖有但不正，因為是沒人緣的桃花。但已婚者若流年走到天喜或天姚二星所在之宮時，則要當心桃花，天喜之害較淺，天姚之害較大且凶，宜注意。

八、紫微斗數專有名詞

　　所謂什麼是天羅地網，天羅地網一般指的是在辰及戌二宮，四長生地就是寅、申、巳、亥四宮，四旺地就是子、午、卯、酉四宮，又稱四桃花地，四墓宮就是辰、戌、丑、未四宮。六吉星就是文曲文昌，左輔右弼，天魁天鉞，六凶星就是鈴星火星，地空地劫，擎羊陀羅。四煞是鈴星火星，擎羊陀羅。文曜是文曲，文昌，化科，天才，龍池，鳳閣，台輔，封誥，三台，八座，科曜：化科，天魁，天鉞，恩光，天貴。對星，例如：天府天相，太陽太陰，文曲文昌，左輔右弼，三台八座，龍池鳳閣，鈴星火星，地空地劫……等等。桃花雜星就是紅鸞，天喜，咸池，大耗，天姚，沐浴。對照、對拱就是本宮和對宮相對的星曜。同度，同躔，相守就是兩顆或多顆星坐守於同一宮位，單見是例如見文曲星，但在三方四正不見文昌，便稱為單見，相夾就是兩星曜位於鄰宮，本宮即稱為被這兩星相夾，空宮、宮中無正曜，為之空宮。借星，借星安宮就是本宮為空宮，而借用對宮之星曜作為本宮星曜，稱為借星。

九、推動命理革心，淘汰落伍的算命觀念

　　入門紫微斗數最基本的功夫就是排命盤。不過，由於紫微斗數流派不一，每家對於某些星曜的排法略有不同。同樣的生辰八字，電腦排版算出來就會有不一樣的地方，目前台灣最流行網路排盤算命，命理師就照程式紙上談兵，就胡說你的命運，有些趁機詐財。如果你看不出來，這很正常，就等你讀完這本書，相信您就能更清楚的掌握您所學習的紫微斗數的派別，與別的派門所排出的命盤之差異之處。值得一提的是目前第四台有很多自稱老師，幫人在算命，其實是暴利，我試探他們打 0800 的電話進去，結果節目都是事先錄好的，說先留下生日，等老師算好會通知我，當然最後招術都一樣，都說不好的。其實紫微斗數裡每個人命盤都會有的星曜，例如：病

符、陰煞、地劫、空亡、喪門、白虎、貫索、月煞、天煞、災煞、劫煞、弔客、大耗、小耗、亡神等星曜（往下會有詳述），假老師說會幫你祭改，有加持過的專屬你的開運吉祥物，例如：開運天珠寶鍊、開運水晶、開運印章、開運五行珠、開運聚寶盆……等，一開口就三萬多，真是可惡，這些都是沒有功效的，只是好看而已。傳統算命術裡，動不動就說人天生壞命、孤剋、淫賤、作惡、無用、破財……等等觸目驚心的話語，淪為不肖人士的恐嚇取財工具。有些人學到一招半式就開始亂算命，孰不知三腳貓功夫會害人害己，例如：做節目都用套招的，利用親朋好友打電話進來製造效果，結果當然神準無比，準、準、準、準，兩光算命師就欺騙你的不懂，千萬記住這都是騙人的。告訴讀者只要用心去查覺，就可以遠離被詐騙的機會了。

而我知道為什麼**算命算過去很準，算未來不一定準；算壞的很準，算好的不一定準**。因為成功的的條件為努力、天份加上運氣。然而謀事在人，成事在天。要達到成功的目標，絕對是與自己的努力、判斷有著密不可分的關係。所以我根據紫微命盤來創造命運，突破宿命的限制，知命掌運，只要力行善事，凡事三思而後行，諸事謹慎，勿貪不義之財，凡事善道而行，則免意外之愁，當可保安然無憂，所謂「善有善報」，「惡有惡報」。

第四章　如何編排斗數命盤

一、基本常識

上一章已有談過，有很多算命師都是混水摸魚，都用電腦程式算，如果有算錯，他自己也不知道，就胡說八道，真是可卑，就是有人會深信不疑，花冤枉錢。難怪詐騙集團會那麼猖獗，這不能全怪他們，因為有需求就有市場。沒關係，現在恍然大悟，還來得及。因為「觀念乃經由認知作用而來的意識，很多學命理的人都欠缺對命理正確的認知，而你正是提供這些訊息的導師。」這種說法，正是現代紫微斗數之所以具有影響力的原因所在。當然也有些網站，假藉免費算命軟體而植入木馬程式，木馬程式又分惡意和善意，通常善意木馬程式不是病毒，所以掃病毒軟體是掃不出來的，一旦被植入後，資料就會竊取，千萬要小心。特洛伊木馬攻擊手法主要是騙取被害人執行特定的程式（不外乎是偷拐哄騙）來植入木馬程式。

二、基本的命盤格式

首先，拿一張空白紙，依範例形式繪成一張標準的命盤格式。如下圖所示：請依順時鐘方向，將 12 地支依序（子、丑、寅……戌、亥）分別填入。不論男女或生辰，一律依此格式填入命盤。

表四

巳	午	未	申
辰			酉
卯			戌
寅	丑	子	亥

三、填入十二宮位的天干

參照出生年的天干，對照十二宮位，由下表查出起首天干，再按照順時針方向，依序將「**甲乙丙丁戊己庚辛壬癸**」等十天干填入地支上面。「子丑」的宮位天干會與「寅卯」的宮位相同。

◎**出生歲次的年干若為甲丙戊庚壬，則為陽男或陽女。**

　出生歲次的年干若為乙丁己辛癸，則為陰男或陰女。

表五

宮位天干		宮位										
		子	丑	寅	卯	辰	巳	午	未	申	酉	戌	亥
出生年干	甲，己	丙子	丁丑	丙寅	丁卯	戊辰	己巳	庚午	辛未	壬申	癸酉	甲戌	乙亥
	乙，庚	戊子	己丑	戊寅	己卯	庚辰	辛巳	壬午	癸未	甲申	乙酉	丙戌	丁亥
	丙，辛	庚子	辛丑	庚寅	辛卯	壬辰	癸巳	甲午	乙未	丙申	丁酉	戊戌	己亥
	丁，壬	壬子	癸丑	壬寅	癸卯	甲辰	乙巳	丙午	丁未	戊申	己酉	庚戌	辛亥
	戊，癸	甲子	乙丑	甲寅	乙卯	丙辰	丁巳	戊午	己未	庚申	辛酉	壬戌	癸亥

四、安命宮、身宮所在宮位

根據月份及出生「時」以陰曆出生月份及出生時辰作為條件，查表可得出命宮、身宮所在宮位。然後依順時針方向依序填入**命宮、父母宮、福德宮、田宅宮、事業宮、交友宮、遷移宮、疾厄宮、財宮、子女宮、夫妻宮、兄弟宮**等12個宮位。並於身宮所在宮位加上註明身宮。

表六

命宮		出生月份											
		1月	2月	3月	4月	5月	6月	7月	8月	9月	10月	11月	12月
出生時辰	子	寅	卯	辰	巳	午	未	申	酉	戌	亥	子	丑
	丑	丑	寅	卯	辰	巳	午	未	申	酉	戌	亥	子
	寅	子	丑	寅	卯	辰	巳	午	未	申	酉	戌	亥
	卯	亥	子	丑	寅	卯	辰	巳	午	未	申	酉	戌
	辰	戌	亥	子	丑	寅	卯	辰	巳	午	未	申	酉
	巳	酉	戌	亥	子	丑	寅	卯	辰	巳	午	未	申
	午	申	酉	戌	亥	子	丑	寅	卯	辰	巳	午	未
	未	未	申	酉	戌	亥	子	丑	寅	卯	辰	巳	午
	申	午	未	申	酉	戌	亥	子	丑	寅	卯	辰	巳
	酉	巳	午	未	申	酉	戌	亥	子	丑	寅	卯	辰
	戌	辰	巳	午	未	申	酉	戌	亥	子	丑	寅	卯
	亥	卯	辰	巳	午	未	申	酉	戌	亥	子	丑	寅

身宮		出生月份											
		1月	2月	3月	4月	5月	6月	7月	8月	9月	10月	11月	12月
出生時辰	子	寅	卯	辰	巳	午	未	申	酉	戌	亥	子	丑
	丑	卯	辰	巳	午	未	申	酉	戌	亥	子	丑	寅
	寅	辰	巳	午	未	申	酉	戌	亥	子	丑	寅	卯
	卯	巳	午	未	申	酉	戌	亥	子	丑	寅	卯	辰
	辰	午	未	申	酉	戌	亥	子	丑	寅	卯	辰	巳
	巳	未	申	酉	戌	亥	子	丑	寅	卯	辰	巳	午
	午	申	酉	戌	亥	子	丑	寅	卯	辰	巳	午	未
	未	酉	戌	亥	子	丑	寅	卯	辰	巳	午	未	申
	申	戌	亥	子	丑	寅	卯	辰	巳	午	未	申	酉
	酉	亥	子	丑	寅	卯	辰	巳	午	未	申	酉	戌
	戌	子	丑	寅	卯	辰	巳	午	未	申	酉	戌	亥
	亥	丑	寅	卯	辰	巳	午	未	申	酉	戌	亥	子

五、安五行局表

先由命宮所在找出「五行局」，水二局，木三局，金四局，土五局，火六局。

按六十花甲納音定之，如命宮干支是庚辰，從食指辰上順數到命宮干止。辰上起甲乙、丙丁、戊己、庚辛，數到庚為止，即是金四局。

依據生年天干與命宮所在宮位。對照下表可得命盤的五行格局。

表七

命宮	甲、巳	乙、庚	生年天干		
			丙、辛	丁、壬	戊、癸
子、丑	水二局	火六局	土五局	木三局	金四局
寅、卯	火六局	土五局	木三局	金四局	水二局
辰、巳	木三局	金四局	水二局	火六局	土五局
午、未	土五局	木三局	金四局	水二局	火六局
申、酉	金四局	水二局	火六局	土五局	木三局
戌、亥	火六局	土五局	木三局	金四局	水二局

六、再由生日對照出『紫微星』所在

本日生除以局數，商數加減餘數。餘數若為偶數則商加上餘數。餘數若為奇數，則商數減去餘數；若商數不夠減，則加 12 再減餘數。如所得是五，從寅順數到午宮，紫微星即在午宮。

◎有了紫微星所在宮位，即可由下列十二個表中對照出自己的命盤表格，再將符合的表格內十四顆主星與星宿明暗度，填入自己的命盤中。

表八

紫微	五行局				
	水二局	木三局	金四局	土五局	火六局
1日	丑	辰	亥	午	酉
2日	寅	丑	辰	亥	午
3日	寅	寅	丑	辰	亥
4日	卯	巳	寅	丑	辰
5日	卯	寅	子	寅	丑
6日	辰	卯	巳	未	寅
7日	辰	午	寅	子	戌
8日	巳	卯	卯	巳	未
9日	巳	辰	丑	寅	子
10日	午	未	午	卯	巳
11日	午	辰	卯	申	寅
12日	未	巳	辰	丑	卯
13日	未	申	寅	午	亥
14日	申	巳	未	卯	申
15日	申	午	辰	辰	丑
16日	酉	酉	巳	酉	午
17日	酉	午	卯	寅	卯
18日	戌	未	申	未	辰
19日	戌	戌	巳	辰	子
20日	亥	未	午	巳	酉
21日	亥	申	辰	戌	寅
22日	子	亥	酉	卯	未
23日	子	申	午	申	辰
24日	丑	酉	未	巳	巳
25日	丑	子	巳	午	丑
26日	寅	酉	戌	亥	戌
27日	寅	戌	未	辰	卯
28日	卯	丑	申	酉	申
29日	卯	戌	午	午	巳
30日	辰	亥	亥	未	午

生日

表九

巳 太陰陷	午 貪狼旺	未 天同陷，巨門陷	申 武曲平，天相廟
辰 廉貞旺，天府廟			酉 太陽閑，天梁地
卯	紫微在子宮		戌 七殺廟
寅 破軍陷	丑	子 紫微平	亥 天機平

巳 廉貞陷，貪狼陷	午 巨門旺	未 天相閑	申 天同旺，天梁陷
辰 太陰陷			酉 武曲旺，七殺閑
卯 天府平	紫微在丑宮		戌 太陽陷
寅	丑 紫微廟，破軍旺	子 天機廟	亥

巳 巨門平	午 廉貞平，天相旺	未 天梁旺	申 七殺廟
辰 貪狼廟			酉 天同平
卯 太陰陷	紫微在寅宮		戌 武曲廟
寅 紫微廟，天府廟	丑 天機陷	子 破軍廟	亥 太陽陷

巳 天相平	午 天梁廟	未 廉貞廟，七殺旺	申
辰 巨門平	紫微在卯宮		酉
卯 紫微旺，貪狼地			戌 天同平
寅 天機旺，太陰閑	丑 天府廟	子 太陽陷	亥 武曲平，破軍平

巳 天梁陷	午 七殺旺	未	申 廉貞廟
辰 紫微陷，天相旺	紫微在辰宮		酉
卯 天機旺，巨門廟			戌 破軍旺
寅 貪狼平	丑 太陽陷，太陰廟	子 武曲旺，天府廟	亥 天同廟

巳 紫微旺，七殺平	午	未	申
辰 天機廟，天梁旺	紫微在巳		酉 廉貞平，破軍陷
卯 天相陷			戌
寅 太陽旺，巨門廟	丑 武曲廟，貪狼廟	子 天同旺，太陰廟	亥 天府旺

巳 天機平	午 紫微廟	未	申 破軍陷
辰 七殺旺	紫微在午宮		酉
卯 太陽廟，天梁廟			戌 廉貞廟，天府旺
寅 武曲閑，天相廟	丑 天同陷，巨門旺	子 貪狼旺	亥 太陰廟

巳	午 天機廟	未 紫微廟，破軍廟	申
辰 太陽旺	紫微在未宮		酉 天府陷
卯 武曲陷，七殺陷			戌 太陰旺
寅 天同閑，天梁廟	丑 天相廟	子 巨門旺	亥 廉貞陷，貪狼陷

巳 太陽旺	午 破軍廟	未 天機陷	申 紫微旺，天府平
辰 武曲廟	紫微在申宮		酉 太陰旺
卯 天同廟			戌 貪狼廟
寅 七殺廟	丑 天梁旺	子 廉貞平，天相廟	亥 巨門旺

巳 武曲平，破軍閑	午 太陽廟	未 天府廟	申 天機平，太陰平
辰 天同平	紫微在酉宮		酉 紫微平，貪狼平
卯			戌 巨門旺
寅	丑 廉貞利，七殺廟	子 天梁廟	亥 天相平

巳 天同廟	午 武曲旺，天府旺	未 太陽平，太陰平	申 貪狼平
辰 破軍旺	紫微在戌宮		酉 天機旺，巨門廟
卯			戌 紫微閑，天相閑
寅 廉貞廟	丑	子 七殺旺	亥 天梁陷

巳 天府平	午 天同陷，太陰陷	未 武曲廟，貪狼廟	申 太陽閑，巨門廟
辰	紫微在亥宮		酉 天相陷
卯 廉貞平，破軍旺			戌 天機旺，天梁廟
寅	丑	子	亥 紫微旺，七殺平

七、排入其他諸星

1、安紫微諸星：由紫微所在宮位，對照查出天機、太陽、武曲、天
　　同、廉貞所在宮位。

表十

紫微星系（逆時鐘分布）					
紫微	天機	太陽	武曲	天同	廉貞
子	亥	酉	申	未	辰
丑	子	戌	酉	申	巳
寅	丑	亥	戌	酉	午
卯	寅	子	亥	戌	未
辰	卯	丑	子	亥	申
巳	辰	寅	丑	子	酉
午	巳	卯	寅	丑	戌
未	午	辰	卯	寅	亥
申	未	巳	辰	卯	子
酉	申	午	巳	辰	丑
戌	酉	未	午	巳	寅
亥	戌	申	未	午	卯

2、安天府諸星：由天府所在宮位，對照查出太陰、貪狼、巨門、天
　　相、天梁、七殺、破軍所在宮位。

表十一

天府星系（順時鐘分布）							
天府	太陰	貪狼	巨門	天相	天梁	七殺	破軍
辰	巳	午	未	申	酉	戌	寅
卯	辰	巳	午	未	申	酉	丑
寅	卯	辰	巳	午	未	申	子

丑	寅	卯	辰	巳	午	未	亥
子	丑	寅	卯	辰	巳	午	戌
亥	子	丑	寅	卯	辰	巳	酉
戌	亥	子	丑	寅	卯	辰	申
酉	戌	亥	子	丑	寅	卯	未
申	酉	戌	亥	子	丑	寅	午
未	申	酉	戌	亥	子	丑	巳
午	未	申	酉	戌	亥	子	辰
巳	午	未	申	酉	戌	亥	卯

3、安時系諸星：由出生年地支與出生時辰對照出時系諸星所在宮位。

表十二

時星系	星名	甲級星		乙級星			
		文昌	文曲	地劫	地空	台輔	封誥
生日時辰	子	戌	辰	亥	亥	午	寅
	丑	酉	巳	子	戌	未	卯
	寅	申	午	丑	酉	申	辰
	卯	未	未	寅	申	酉	巳
	辰	午	申	卯	未	戌	午
	巳	巳	酉	辰	午	亥	未
	午	辰	戌	巳	巳	子	申
	未	卯	亥	午	辰	丑	酉
	申	寅	子	未	卯	寅	戌
	酉	丑	丑	申	寅	卯	亥
	戌	子	寅	酉	丑	辰	子
	亥	亥	卯	戌	子	巳	丑

4、用生年支排火星、鈴星

表十三

火星	甲級星	生年支			
		子,辰,申	丑,巳,酉	寅,午,戌	卯,未,亥
生日時辰	子	寅	卯	丑	酉
	丑	卯	辰	寅	戌
	寅	辰	巳	卯	亥
	卯	巳	午	辰	子
	辰	午	未	巳	丑
	巳	未	申	午	寅
	午	申	酉	未	卯
	未	酉	戌	申	辰
	申	戌	亥	酉	巳
	酉	亥	子	戌	午
	戌	子	丑	亥	未
	亥	丑	寅	子	申

鈴星	甲級星	生年支			
		子,辰,申	丑,巳,酉	寅,午,戌	卯,未,亥
生日時辰	子	戌	戌	卯	戌
	丑	亥	亥	辰	亥
	寅	子	子	巳	子
	卯	丑	丑	午	丑
	辰	寅	寅	未	寅
	巳	卯	卯	申	卯
	午	辰	辰	酉	辰
	未	巳	巳	戌	巳
	申	午	午	亥	午
	酉	未	未	子	未
	戌	申	申	丑	申
	亥	酉	酉	寅	酉

5、安月系諸星：由出生月對照出月系諸星所在宮位。

表十四

月星系		甲級星				乙級星			
		左輔	右弼	天刑	天姚	月馬	解神	天巫	天月	陰煞
出生月份	1月	辰	戌	酉	丑	申	申	巳	戌	寅
	2月	巳	酉	戌	寅	巳	申	申	巳	子
	3月	午	申	亥	卯	寅	戌	寅	辰	戌
	4月	未	未	子	辰	亥	戌	亥	寅	申
	5月	申	午	丑	巳	申	子	巳	未	午
	6月	酉	巳	寅	午	巳	子	申	卯	辰
	7月	戌	辰	卯	未	寅	寅	寅	亥	寅
	8月	亥	卯	辰	申	亥	寅	亥	未	子
	9月	子	寅	巳	酉	申	辰	巳	寅	戌
	10月	丑	丑	午	戌	巳	辰	申	午	申
	11月	寅	子	未	亥	寅	午	寅	戌	午
	12月	卯	亥	申	子	亥	午	亥	寅	辰

6、安日系諸星

表十五

星名	三台	八座	恩光	天貴
安星方法 乙級星	以左輔所在位置為初一，順時鐘開始算起，數到生日數。	以右弼所在位置為初一，逆時鐘開始算起，數到生日數。	以文昌所在位置為初一，順時鐘開始算起，數到生日減一的日數。	以文曲所在位置為初一，順時鐘開始算起，數到生日減一的日數。

7、安年系諸星：由出生年干對照出年系諸星所在宮位。

表十六

年干\星系		甲級星				乙級星			
		祿存	擎羊	陀羅	天魁	天鉞	天官	天福	截路	空亡
年干	甲	寅	卯	丑	丑	未	未	酉	申	酉
	乙	卯	辰	寅	子	申	辰	申	午	未
	丙	巳	午	辰	亥	酉	巳	子	辰	巳
	丁	午	未	巳	亥	酉	寅	亥	寅	卯
	戊	巳	午	辰	丑	未	卯	卯	子	丑
	己	午	未	巳	子	申	酉	寅	酉	申
	庚	申	酉	未	丑	未	亥	午	未	午
	辛	酉	戌	申	寅	午	酉	巳	巳	辰
	壬	亥	子	戌	卯	巳	戌	午	卯	寅
	癸	子	丑	亥	卯	巳	午	巳	丑	子

8、安四化星：化祿、化權、化科、化忌。

表十七

四化星\星名		甲級星			
		化祿	化權	化科	化忌
年干	甲	廉貞	破軍	武曲	太陽
	乙	天機	天梁	紫微	太陰
	丙	天同	天機	文昌	廉貞
	丁	太陰	天同	天機	巨門
	戊	貪狼	太陰	右弼	天機
	己	武曲	貪狼	天梁	文曲
	庚	太陽	武曲	太陰	天同
	辛	巨門	太陽	文曲	文昌
	壬	天梁	紫微	左輔	武曲
	癸	破軍	巨門	太陰	貪狼

9、安年支星（由本生年地支安）：由本生年地支對照查出年支星所
在宮位。

表十八

年支\星名		乙級星												
星系\年支		天馬		天空	天哭	天虛	紅鸞	天喜	孤辰	寡宿	咸池	龍池	鳳閣	蜚廉	破碎
年支	子	寅		丑	午	午	卯	酉	寅	戌	酉	辰	戌	申	巳
	丑	亥	天	寅	巳	未	寅	申	寅	戌	午	巳	酉	酉	丑
	寅	申	馬	卯	辰	申	丑	未	巳	丑	卯	午	申	戌	酉
	卯	巳	甲	辰	卯	酉	子	午	巳	丑	子	未	未	巳	巳
	辰	寅	級	巳	寅	戌	亥	巳	巳	酉	申	午	午	丑
	巳	亥	星	午	丑	亥	戌	辰	申	辰	午	酉	巳	未	酉
	午	申		未	子	子	酉	卯	申	辰	卯	戌	辰	寅	巳
	未	巳		申	亥	丑	申	寅	亥	子	亥	辰	卯	卯	丑
	申	寅		酉	戌	寅	未	丑	亥	未	酉	子	寅	辰	酉
	酉	亥		戌	酉	卯	午	子	亥	午	丑	丑	亥	巳
	戌	申		亥	申	辰	巳	亥	亥	未	卯	寅	子	子	丑
	亥	巳		子	未	巳	辰	戌	寅	戌	子	卯	亥	丑	酉

10、安天使、天傷：天傷星和天使星是以命宮的位置為基本而算出
的星。不過天傷星一定在奴僕宮，天使星一定在疾厄宮，所以
很簡單。

11、安天才、天壽

表十九

天才	由命宮算起，依順時鐘方向開始以子、丑、寅、……戌、亥的計數方式，數至出生年支。即為安天才星的位置。
天壽	由身宮算起，依順時鐘方向開始以子、丑、寅、……戌、亥的計數方式，數至出生年支。即為安天壽星的位置。

12、安旬空表：旬空星的位置總會在兩個宮位出現，這是與其他星曜特別不同的地方。

按本生年之干支丙級星

表二十

歲次										旬空星位置
甲子	乙丑	丙寅	丁卯	戊辰	己巳	庚午	辛未	壬申	癸酉	戌、亥
甲戌	乙亥	丙子	丁丑	戊寅	己卯	庚辰	辛巳	壬午	癸未	申、酉
甲申	乙酉	丙戌	丁亥	戊子	己丑	庚寅	辛卯	壬辰	癸巳	午、未
甲午	乙未	丙申	丁酉	戊戌	己亥	庚子	辛丑	壬寅	癸卯	辰、巳
甲辰	乙巳	丙午	丁未	戊申	己酉	庚戌	辛亥	壬子	癸丑	寅、卯
甲寅	乙卯	丙辰	丁巳	戊午	己未	庚申	辛酉	壬戌	癸亥	子、丑

13、安十二長生星（由五行局排出）

陽男陰女順行、陰男陽女逆行方向填入其他諸星。

表二十一

五行長生十二神		五行局									
		水二局		木三局		金四局		土五局		火六局	
		陽男陰女	陰男陽女	陽男陰女	陰男陽女	陽男陰女	陰男陽女	陽男陰女	陰男陽女	陽男陰女	陰男陽女
丙級星	長生	申	申	亥	亥	巳	巳	申	申	寅	寅
	沐浴	酉	未	子	戌	午	辰	酉	未	卯	丑
	冠帶	戌	午	丑	酉	未	卯	戌	午	辰	子
	臨官	亥	巳	寅	申	申	寅	亥	巳	巳	亥
	帝旺	子	辰	卯	未	酉	丑	子	辰	午	戌
	衰	丑	卯	辰	午	戌	子	丑	卯	未	酉
	病	寅	寅	巳	巳	亥	亥	寅	寅	申	申
	死	卯	丑	午	辰	子	戌	卯	丑	酉	未
	墓	辰	子	未	卯	丑	酉	辰	子	戌	午
	絕	巳	亥	申	寅	寅	申	巳	亥	亥	巳
	胎	午	戌	酉	丑	卯	未	午	戌	子	辰
	養	未	酉	戌	子	辰	午	未	酉	丑	卯

14、安生年博士十二星法：是以祿存所在的地支宮位及陰陽男女為條件，查表可得知。

　☆陽男陰女順行、陰男陽女逆行方向填入其他諸星。

表二十二

生年博士十二星		祿存在支														
		子		寅		卯		巳		午		申		酉		亥	
		陽男陰女	陰男陽女	陽男陰女	陰男陽女	陽男陰女	陰男陽女	陽男陰女	陰男陽女	陽男陰女	陰男陽女	陽男陰女	陰男陽女	陽男陰女	陰男陽女	陽男陰女	陰男陽女
星名丙級星	博士	子	子	寅	寅	卯	卯	巳	巳	午	午	申	申	酉	酉	亥	亥
	力士	丑	亥	卯	丑	辰	寅	午	辰	未	巳	酉	未	戌	申	子	戌
	青龍	寅	戌	辰	子	巳	丑	未	卯	申	辰	戌	午	亥	未	丑	酉
	小耗	卯	酉	巳	亥	午	子	申	寅	酉	卯	亥	巳	子	午	寅	申
	將軍	辰	申	午	戌	未	亥	酉	丑	戌	寅	子	辰	丑	巳	卯	未
	奏書	巳	未	未	酉	申	戌	戌	子	亥	丑	丑	卯	寅	辰	辰	午
	飛廉	午	午	申	申	酉	酉	亥	亥	子	子	寅	寅	卯	卯	巳	巳
	喜神	未	巳	酉	未	戌	申	子	戌	丑	亥	卯	丑	辰	寅	午	辰
	病符	申	辰	戌	午	亥	未	丑	酉	寅	戌	辰	子	巳	丑	未	卯
	大耗	酉	卯	亥	巳	子	午	寅	申	卯	酉	巳	亥	午	子	申	寅
	伏兵	戌	寅	丑	辰	子	巳	卯	未	辰	申	午	戌	未	亥	酉	丑
	官府	亥	丑	子	卯	丑	辰	辰	午	巳	未	未	酉	申	戌	戌	子

15、安流年歲建前諸星：

　由流年地支對照查出流年歲前諸星所在宮位。

表二十三

流年歲前星		諸星											
		歲建	晦氣	喪門	貫索	官符	小耗	大耗	龍德	白虎	天德	弔客	病符
生年支	子	子	丑	寅	卯	辰	巳	午	未	申	酉	戌	亥
	丑	丑	寅	卯	辰	巳	午	未	申	酉	戌	亥	子
	寅	寅	卯	辰	巳	午	未	申	酉	戌	亥	子	丑
	卯	卯	辰	巳	午	未	申	酉	戌	亥	子	丑	寅
	辰	辰	巳	午	未	申	酉	戌	亥	子	丑	寅	卯
	巳	巳	午	未	申	酉	戌	亥	子	丑	寅	卯	辰
	午	午	未	申	酉	戌	亥	子	丑	寅	卯	辰	巳
	未	未	申	酉	戌	亥	子	丑	寅	卯	辰	巳	午
	申	申	酉	戌	亥	子	丑	寅	卯	辰	巳	午	未
	酉	酉	戌	亥	子	丑	寅	卯	辰	巳	午	未	申
	戌	戌	亥	子	丑	寅	卯	辰	巳	午	未	申	酉
	亥	亥	子	丑	寅	卯	辰	巳	午	未	申	酉	戌

　　歲建起正月，逆逢生月順回程，回程順至生時止，便是流年正月春。故星曜的位置為每隔十二年才會變換一輪。

16、安流年將前諸星：由流年地支對查出流年將前諸星所在宮位。

表二十四

流年將前星		星名											
		將星	攀鞍	歲驛	息神	華蓋	劫煞	災煞	天煞	指背	咸池	月煞	亡神
流年支	子，辰，申	子	丑	寅	卯	辰	巳	午	未	申	酉	戌	亥
	丑，巳，酉	酉	戌	亥	子	丑	寅	卯	辰	巳	午	未	申
	寅，午，戌	午	未	申	酉	戌	亥	子	丑	寅	卯	辰	巳
	卯，未，亥	卯	辰	巳	午	未	申	酉	戌	亥	子	丑	寅

17、安流年斗君：由出生月與時辰對照查出。用來作為求得流月、
　　流日、流時的起始參考點。

表二十五

子年斗君		出生時辰											
		子	丑	寅	卯	辰	巳	午	未	申	酉	戌	亥
出生月份	1月	子	丑	寅	卯	辰	巳	午	未	申	酉	戌	亥
	2月	亥	子	丑	寅	卯	辰	巳	午	未	申	酉	戌
	3月	戌	亥	子	丑	寅	卯	辰	巳	午	未	申	酉
	4月	酉	戌	亥	子	丑	寅	卯	辰	巳	午	未	申
	5月	申	酉	戌	亥	子	丑	寅	卯	辰	巳	午	未
	6月	未	申	酉	戌	亥	子	丑	寅	卯	辰	巳	午
	7月	午	未	申	酉	戌	亥	子	丑	寅	卯	辰	巳
	8月	巳	午	未	申	酉	戌	亥	子	丑	寅	卯	辰
	9月	辰	巳	午	未	申	酉	戌	亥	子	丑	寅	卯
	10月	卯	辰	巳	午	未	申	酉	戌	亥	子	丑	寅
	11月	寅	卯	辰	巳	午	未	申	酉	戌	亥	子	丑
	12月	丑	寅	卯	辰	巳	午	未	申	酉	戌	亥	子

18、安命主：由命宮對照查出命主。

表二十六

命宮在支	子	丑	寅	卯	辰	巳	午	未	申	酉	戌	亥
命主星	貪狼	巨門	祿存	文曲	廉貞	武曲	破軍	武曲	廉貞	文曲	祿存	巨門

19、安身主：由出生年支對照查出身主。

表二十七

生年支	子	丑	寅	卯	辰	巳	午	未	申	酉	戌	亥
身主星	火星	天相	天梁	天同	文昌	天機	火星	天相	天梁	天同	文昌	天機

20、安流祿、流羊、流陀、流魁、流鉞、流昌。

流年干星系的求法為以流年的年干作為條件，查表可得各星曜的位置。

表二十八

流年干星系		星名					
		流祿	流羊	流陀	流魁	流鉞	流昌
流年干	甲	寅	卯	丑	丑	未	巳
	乙	卯	辰	寅	子	申	午
	丙	巳	午	辰	亥	酉	申
	丁	午	未	巳	亥	酉	酉
	戊	巳	午	辰	丑	未	申
	己	午	未	巳	子	申	酉
	庚	申	酉	未	丑	未	亥
	辛	酉	戌	申	寅	午	子
	壬	亥	子	戌	卯	巳	寅
	癸	子	丑	亥	卯	巳	卯

21、安流年支星系計有流馬、流鸞、流喜。

　　流年支星系的求法為以流年的年支作為條件，查表可得各星曜
　　的位置。

表二十九

流年支星系		星名		
		流馬	流鸞	流喜
流年支	子	寅	卯	酉
	丑	亥	寅	申
	寅	申	丑	未
	卯	巳	子	午
	辰	寅	亥	巳
	巳	亥	戌	辰
	午	申	酉	卯
	未	巳	申	寅
	申	寅	未	丑
	酉	亥	午	子
	戌	申	巳	亥
	亥	巳	辰	戌

22、起十年大限：大限是指個人於陰曆十年期間內，運勢的狀況。
　　◎每個人的大限開始行運歲數是隨著五行局而定的。

表三十

大限虛歲範圍		五行局									
		水二局		木三局		金四局		土五局		火六局	
		陽男陰女	陰男陽女	陽男陰女	陰男陽女	陽男陰女	陰男陽女	陽男陰女	陰男陽女	陽男陰女	陰男陽女
大限12宮	命宮	2~11	2~11	3~12	3~12	4~13	4~13	5~14	5~14	6~15	6~15
	兄弟	112~121	12~21	113~122	13~22	114~123	14~23	115~124	15~24	116~125	16~25
	夫妻	102~111	22~31	103~112	23~32	104~113	24~33	105~114	25~34	106~115	26~35
	子女	92~101	32~41	93~102	33~42	94~103	34~43	95~104	35~44	96~105	36~45
	財帛	82~91	42~51	83~92	43~52	84~93	44~53	85~94	45~54	86~95	46~55
	疾厄	72~81	52~61	73~82	53~62	74~83	54~63	75~84	55~64	76~85	56~65
	遷移	62~71	62~71	63~72	63~72	64~73	64~73	65~74	65~74	66~75	66~75
	交友	52~61	72~81	53~62	73~82	54~63	74~83	55~64	75~84	56~65	76~85
	事業	42~51	82~91	43~52	83~92	44~53	84~93	45~54	85~94	46~55	86~95
	田宅	32~41	92~101	33~42	93~102	34~43	94~103	35~44	95~104	36~45	96~105
	福德	22~31	102~111	23~32	103~112	24~33	104~113	25~34	105~114	26~35	106~115
	父母	12~21	112~121	13~22	113~122	14~23	114~123	15~24	115~124	16~25	116~125

23、最後起流年小限：小限是指個人於陰曆一年期間內，運勢的狀況。

　　◎由出生年支與男女性別對照查出十二小限值宮之小限之歲。

　　　男命以順時鐘方向每年變換一次不同宮位。

　　　女命以逆時鐘方向每年變換一次不同宮位。每個 12 個陰曆年就

　　　會循環一輪。

表三十一

小限											生年支							
											子，辰，申		丑，巳，酉		寅，午，戌		卯，未，亥	
											男	女	男	女	男	女	男	女
虛歲	1	13	25	37	49	61	73	85	97	109	戌	戌	未	未	辰	辰	丑	丑
	2	14	26	38	50	62	74	86	98	110	亥	酉	申	午	巳	卯	寅	子
	3	15	27	39	51	63	75	87	99	111	子	申	酉	巳	午	寅	卯	亥
	4	16	28	40	52	64	76	88	100	112	丑	未	戌	辰	未	丑	辰	戌
	5	17	29	41	53	65	77	89	101	113	寅	午	亥	卯	申	子	巳	酉
	6	18	30	42	54	66	78	90	102	114	卯	巳	子	寅	酉	亥	午	申
	7	19	31	43	55	67	79	91	103	115	辰	辰	丑	丑	戌	戌	未	未
	8	20	32	44	56	68	80	92	104	116	巳	卯	寅	子	亥	酉	申	午
	9	21	33	45	57	69	81	93	105	117	午	寅	卯	亥	子	申	酉	巳
	10	22	34	46	58	70	82	94	106	118	未	丑	辰	戌	丑	未	戌	辰
	11	23	35	47	59	71	83	95	107	119	申	子	巳	酉	寅	午	亥	卯
	12	24	36	48	60	72	84	96	108	120	酉	亥	午	申	卯	巳	子	寅

24、論大、小限

　　所謂「十年風水輪流轉」，我們的命盤，也是每十年轉動一次。
十年說長不長，說短可也不短。所以紫微斗數以一個宮位代表十年
吉凶，所以能不能夠把握後天的好運，或避開後天壞運所帶來的影
響，便變得十分重要。因此好的流年在不好的大運中也會變的沒那

麼順利；不好的流年在好的大運也會變的沒那麼差。當然如果大運不好，流年也不好，那麼這一年您就必須多注意，才能避免心情的起伏太大。而人一生中會有幾個十年呢，你打算打混摸魚過日子，還是運用人生中每個精彩十年。也就是說過去十年不如意，並不代表以後十年也不如意。例如某人的 25-34 歲的大限是在夫妻宮，當他想了解自已 25-34 歲之間的運勢，就要把原本的夫妻宮當成大限命宮、順序推移，重新形成一個大限命盤，以觀測大限這十年間的各方面運勢發展。千萬記住、不是買什麼開運吉祥物就可以改變命運的。如果是這樣，那些做壞事的人，不就通通可以高枕無憂了。

　　年年換太歲，年年運不同。紫微斗數除了固定排入的星曜，還有隨每一年流年流動之星曜。命宮是看一生吉凶，大限主十年，對於一年之中的變化，紫微斗數中用「流盤」來表示一年的命運起跌，它是根據那年的天干、地支而定，用地支來定「流年命宮」所在宮位。例如今年為丁亥年，流年命宮便在「亥」，流年兄弟宮在酉，流年夫妻宮在申等等，和大限一樣；小限以 12 年就會轉回原位，但若說今年的運氣與 12 年前或 12 年後一樣嗎？卻是未必。原因是大限既不同，流年諸星也不同，則即使同一宮位的同一場所也會出現差異。要看流年，最簡單的方法是以該流年所管的大限觀察。小限是掌管一年之中的運勢吉凶，但實地是以虛歲計算的，故請注意。若要看流年夫妻關係，先以大限夫妻宮看。化祿、紅鸞、天喜、天姚、咸池等均掌管戀愛，但這些星的情況也得視主星的強弱而來判斷。天姚由於自己積極的接近對方，終而產生熱情的戀愛。也許其過程正是呈現了「愛情是盲目的」的風貌。咸池是幾乎是平靜而沉著的戀愛；再者，也許有終究成為單戀的情形。例如：所謂不倫之戀、禁忌之戀等。而紅鸞、天喜是呈直線進展的戀愛，似乎成為以結婚為前提。由於對方的接近而相識。

八、甲、乙、丙級星基本淺說

　　紫微斗數的星曜深深影響你的人生，這只是基本概念，並不是吉星永遠是吉星，凶星永遠是凶星。為什麼呢？因為由星與星的相關關係會產生變化，同時由與十二宮的關係來判斷強弱，也會有吉星不是吉星，或凶星反倒變成吉星的情形。例如七殺、破軍、貪狼是大家最不想看到的，另外像七煞（即六煞星與化忌）也是最為人所討厭的。可是命盤是很公平的，所以每個人命盤裡的星星數都是一樣的，只是其所座落的宮位不同，所造成的結果可能就也有所不同。部分星種，因派系不同，也未必完全相同，但主星都是大同小異的。換句話說，所不同之處是對部份星曜的詮釋及四化的安排。因此各派也有他們的一套說法，就像我們在寫申論題時一樣，沒有所謂的標準答案，有寫就有分數。所以有些算命師就只看主星來論吉凶，都只是介紹主星的判斷方式，對於小星的解析與說明，都是寥寥數語便一筆帶過，使得許多讀者只能望書興嘆。所以單就主星來決定此生的命運是好是壞是不明智的。為什麼呢？因為他們認為影響不大；就好比說班級的師資，老師好，就會有好的影響力，老師不好時，學生就自求多福了。換句話來說：這跟公司團隊一樣，主管資質好，能力好，在他的領導之下，員工都會祥和，樂在工作，公司一定賺錢；如果主管劣質，坐其位不謀其政，只想從中牟利以飽私囊，過一天算一天，試想公司會變成什麼樣子，當然員工各懷鬼胎，勾心鬥角，這樣格局的公司能存活多久，可想而知。

　　不過紫微斗數各種的解釋方法，在不同老師的解釋下都有些許的差異性。而這些差異性就造成大家學習上的困擾。要了解這些差異性，就必須去了解排盤的基本方法。不過中國五術的精華，絕對很少散佈在民間書籍之中，目前流通的紫微斗數絕對是參雜許多錯誤之處。所以紫微斗數中也有兩光胡說派，都看星曜照本宣科，隨便來胡說八道，亂猜一通，自圓其說。就胡說命運、未來他知道，

其實是千金難買早知道，或者說是活佛再世，如果真是這樣的話，那讀完此書，你也可以成為活佛了，哈哈哈。千萬記住，說這種話的人，絕對是神棍，不要懷疑，立刻報警。

擎羊、陀羅、火星、鈴星、地空與地劫，一般都認為僅帶凶性之星曜，所以傳統上謂之煞星。這六煞星，如遇命身宮或同宮甲級星曜陷弱時，因煞星之凶性特質，將使命身格局或同宮甲級星曜出現負面之不利作用，這是傳統上對六煞星之認識，其實六煞若遇命身格局強，或同宮甲級星曜強旺時，六煞星將會〈制煞為用〉而呈正面之賦性作用。斗數命理有「有病方為貴，無煞不成奇」的觀念，這個觀念，從很多功成名就之人的命盤上可以得到驗證，所以六煞的實際賦性作用並非只凶無吉。

而紫微斗數命盤中，所排列的星曜共有一一四顆，依其重要性和影響力依序分為：十四顆主星、十八顆甲級星、三十一顆乙級星、二十六顆丙級星、七顆丁級星及十七顆戊級流年星。十四主星衣動靜波動性質不同，分為動態「殺、破、狼」與靜態「機、月、同、梁」二星群。動態星群有紫微、天府、天相、廉貞、武曲、七殺、破軍、貪狼顆星曜，它們在命盤中常為同宮、對照、三合、會照、相夾，彼此關係密切，靜態星群有天機、太陰、天同、天梁、巨門、太陽六顆星曜。而諸星曜中的每一顆星，都可以獨坐在各宮位內，獨立發揮功能，唯有些星曜常會以同宮、對照、三合會照或相夾的方式，成雙成對，出現在命盤之中，產生相輔相成的作用。動態雙星同宮的有十五組組合例如：紫微天相、紫微天府、紫微七殺、紫微破軍、紫微貪狼，武曲天府、武曲天相、武曲七殺、武曲破軍、武曲貪狼，廉貞天府、廉貞天相、廉貞七殺、廉貞破軍、廉貞貪狼。靜態雙星同宮有九種組合例如：太陽太陰、太陽天梁、太陽巨門、天機太陰、天機天梁、天機巨門、天同太陰、天同天梁、天同巨門。

單星獨坐與雙星同坐，對人性和人生具有截然不同的意義，一般而言，單星獨坐較為單純而平靜，雙星同宮時，除了各自保有兩

個單星原來的性質外，雙星之間的生剋和對比互相作用，常會形成彼此互補或牽制的加倍或抵減效果，矛盾和複雜性增多，人生比較多采多姿，思想複雜，行運的波折與變動較大，精神上的壓力較重，常會有雙向發展或相反的現象。再說紫微斗數命盤中有十二個宮位，十四主星往往常有雙星同坐的機會，此時其對宮長會出現無主星的現象，必要借看雙主星來論斷該宮的吉凶，只是雙主星的廟陷光度需以對宮為準。

摩羯〔11 宮〕－人際－基本－土象	射手〔10 宮〕－事業－變動－火象	天蠍〔09 宮〕－遷移－固定－水象	天秤〔08 宮〕－疾厄－基本－風象
	北交點：射手 4.8010°（逆行） 海王：射手 11.7759° 月亮：射手 28.3034°	天王：天蠍 2.1255°（逆行）	冥王：天秤 8.5173°（逆行）
水瓶〔12 宮〕－精神－固定－風象	謝士元－出生時太陽行至 344.8072° 雙魚座 出生於西元 1975-03-06 出生時北半球節氣：雨水、南半球節氣：處暑		處女〔07 宮〕－夫妻－變動－土象
火星：水瓶 2.0999° 水星：水瓶 17.5709° 遠地點：水瓶 20.7697°			
雙魚〔01 宮〕－本命－變動－水象			獅子〔06 宮〕－工作－固定－火象
太陽：雙魚 14.8072° 木星：雙魚 26.9400°			近地點：獅子 20.7698°
白羊〔02 宮〕－財帛－基本－火象	金牛〔03 宮〕－溝通－固定－土象	雙子〔04 宮〕－田宅－變動－風象	巨蟹〔05 宮〕－歡樂－基本－水象
金星：白羊 13.0543°		南交點：雙子 4.8009°（逆行）	土星：巨蟹 12.0084°（逆行）

第五章　紫微斗數十二宮論斷

第一節　紫微十二宮位解釋

一、命宮

◎代表的是我們基本的個性，那也可以說是看命盤的第一個重點。

◎顯示個人性格，格局高低，先天運勢強弱。如果命宮無主星，則看對宮遷移宮。

◎「三方」是指命宮、財帛宮、事業宮、若再加上遷移宮，號稱「四正」。

二、兄弟宮

◎代表的是我們與家中兄弟或好朋友相處互動。推算親密朋友或事業伙伴關係。

三、夫妻宮

◎代表的是我們尋找對象的類型，和未來婚姻發展的吉凶互動的關係。宜早婚或遲婚。

四、子女宮

◎代表的是我們和子女的互動關係。也代表自己的興趣、嗜好、和性能力等的，僅供參考而已。

五、財帛宮

◎代表的是我們今生的財富多寡、吉凶，和適合賺錢的方式、以
及專長方面的關係。

六、疾厄宮

◎代表的是我們身體健康上，推算先天那器官較弱，一生中有沒
有大災病，凶險意外等。

七、遷移宮

◎代表的是我們外在人際交往方面的態度，對環境改變的適應能
力，可推斷旅行中的遭遇。

八、交友宮

◎代表的是我們與公司同事、下屬、或是不熟識朋友交往上的
關係。

九、事業宮

◎代表的是我們面對事業工作上的態度關係。行業性質，事業發
展傾向，宜創業或打工等。

十、田宅宮

◎代表的是我們對於財富管理觀念，可推算家宅運，是否有祖
業，甚至可推算居住環境。

十一、福德宮

　　◎代表的是我們在內在觀念想法中，個人精神修養如何，是否有嗜好，品性興趣高低等。

十二、父母宮

　　◎代表的是我們與父母、長輩、和上司間相處上的互動、吉凶關係。

十三、身宮

　　◎身宮的宮位代表我們這一生當中，會去特別重視、掛礙的地方。
　　◎有人不看身宮但我認為「身宮可判斷後天的運氣」。

第二節　斗數各星曜介紹

一、領導之星：紫微星（自負帶有領導人的風範）

　　己土，南北在五行屬陰土，是北斗的主星，在天上是一個高貴的星曜，主掌宇宙間及每一個人一生的造化。有延壽，解厄功能。紫微星便是代表帝皇的帝星。

　　☆紫微星的個性很善良，只因「帝王」星帶有「挑剔直言」的霸道特質，常因此在無形中得罪別人。會照了天府、天相、左輔、右弼、文昌、文曲、祿存、天馬、化祿、化權、化科，而在入廟的宮位，必定富貴一生。如其有祿馬交馳而沒有空劫遇到，更加大富大貴。

☆紫微星入兄弟、子女、父母、奴僕以不利論,主孤單,精神容易空虛,在父母為人勢力眼,善高攀,六親較無靠、緣薄,屬自立格,在交友宮,為人奉迎者,有陽奉陰違之嫌,並主奔波勞碌。

☆紫微星是貴星,男命不宜入福德宮,因貴星入反主抱負少,沒有雄心,只圖享受,女命宜入福德宮,因貴星入主福厚,福德佳是女命幸福之基。

◎紫微化權入命宮、官祿、財帛為吉,尤以入命宮、官祿更佳,主有貴人提拔,升遷快。

◎紫微化權入疾厄宮,主身體不健康,腸胃多毛病。主事業多阻礙,創業困難無力。

◎紫微化科入奴僕宮,主為人太文弱,所交朋友亦多為「書生型」。

◎紫微化科入夫妻宮,主婚姻並不很和諧,會有外遇問題。

◎紫微化科入福德宮,為人修養好,是有仁心之人。

◎與破軍同宮或會照,無煞星,宜在政界謀發展。

◎如會照祿存、天馬,則經商為佳,但所經營的事業必須是公共事業或與政府有關的事業。若是到辰戌二宮,則人生多波折,可富卻不能大貴;或者可貴卻不能大富。

◎如果會到擎羊、陀羅、火星、鈴星,則主人是普通經商的命。若是入廟及有其他的吉星會照,也能發財,但是糾紛、是非纏身。會照擎羊落陷,主有詞訟口舌等經歷。

◎如果天府同度,主得貴人相助,名利雙收。如與破軍同度照會,則有去舊迎新的意味。

◎逢空劫、耗星,則經濟困難、破財消災。

◎紫微在命宮的男性聰明、不隨便低頭、讓人有信賴感。

◎紫微加會左輔、右弼,有管理能力、有名望地位、社交能力強、有貴人助。

◎紫微加會文昌、文曲:易有才藝及名氣、高學歷。

◎紫微加會天魁、天鉞：逢凶有貴人相助，一生機會較多。

◎紫微化科：適合學術研究，解厄力強。

◎紫微化權：權利慾大，小心不得人緣。

◎紫微加會火星或鈴星：能加強紫微的勇猛戰鬥力。

◎紫微加會火星、鈴星、擎羊、陀羅、地空、地劫、化忌主勞祿。

☆大小限遇紫微多能稱心如意。紫微星的自我本位太過強烈，因此常聽不進別人的話，卻希望人家能聽從他的命令，這樣的態度在團體生活中，可成為極具魅力的領導者，但也可能成為別人排斥的對象。

☆優點：自愛而自重，待人和卻不膩，處事不疾也不徐，重視生活情趣，有極強的好勝心和學習能力。

☆缺點：學多卻易不精，做事易眼高手低，喜歡發號施令，容易自尋煩惱，時常感到孤獨落寞。

二、機智之星：天機星（反應快、好奇心重、喜愛觀察）

乙木，在陰陽五行中屬陰木，南斗第三星，為兄弟宮主星，是「善變之星」，多比喻為謀臣策士。此星性質多計謀，善機變，能善能惡，聰明絕頂。

☆不時地動腦、動手，因而反應敏捷，**足智多謀**。正因為如此，所以適應環境的能力特別強，而且在變化的過程中常能收放自如，為自己的命運帶來轉機，並進而主動掌握並控制這種局勢。

☆天機星個性善良，好動好學，其敏捷的應變能力加上不時會有千奇百怪的點子浮現，對變化性甚高的工作能沉著應付，尤其適合任職於今日的科技界。其負面特質也帶有「浮動」及「猶疑」的因子，但天機的「浮動」較趨向頭腦及身體上的動，或因工作性質常需要出國、出差，而不是人生的波動。

☆天機星亦為善宿，是延年益壽之星，因此也代表宗教星，有宗教信仰或與命理有關，也是學術星。

☆正是這種「善變」的特性使天機星很難安於現狀，最忌從事經商和創業。

◎天機星最喜吉星，左輔右弼同宮或夾命，多天性淳樸善良，且時有外力幫助。

◎天機星與祿存、天馬同宮或夾命，財源不斷，在他鄉發展者多能發。

◎與文昌、文曲同宮或夾命，多智商極高，聰明絕頂。

◎與天魁、天鉞會照或夾命，一生多有良好的學習和工作機遇。

◎化權增強天機的穩定性；化科加強才智機敏；則增加反應及創造力，利於參加競試。

◎化祿令天機的智謀用於營商取財之道；天機星化祿，雖常有機會不斷及增加進財的機會，但也帶有「浮動」的特徵，財來財去而無法積蓄下來。

◎天機化祿時，主智慧，宗教，哲學、星命學。

◎天機化祿入田宅宮，主住家附近有廟堂、教會。

◎天機化祿入福德宮，主有特殊哲學觀、人生觀。

◎天機化權入命宮，主為事業、家庭操心，能力強，有宗教意識。

◎天機化權入疾厄，主腦神經衰弱，加空劫有中風的傾向。

◎天機星遇化科時，主為人聰明，但不喜歡用腦筋。

◎天機星化忌，主六親有損，尤其不利男性，入兄弟宮主兄弟有損。

◎化忌則令天機流於取巧，喜走捷徑。思想特異或鑽牛角尖，勞心勞力。

◎天機化忌入命宮，喜鑽牛角尖，個性不開朗，讀書不用功。

◎天機化忌入田宅，主變動，代表常常搬家。主家中事務特別多，家人生活在一起並不融洽。

◎天機化忌入子女宮，子女不容易養，宜認義父母。當子女宮自化忌時亦不好養育。

◎天機化忌入財帛，主有損耗，惟可靠智慧以補不足。鑽研學問成為專家學者。

◎天機左輔、右弼：有智慧能力，社交能力強，有貴人。

◎天機地空、地劫：財來財去，對宗教有興趣。

◎天機文昌、文曲：易有才能，可成顧問、特助。

◎天機天魁、天鉞：有貴人相助，機運佳。

◎天機與化科、化權、化祿：為人感性及理性，分析力強，一生機運佳。

◎天機與火星或鈴星心思變動不定，脾氣暴燥，有技藝之人。

◎天機與擎羊或陀羅，有小聰明，易有意外，心意不定。

◎天機火星、鈴星、擎羊、陀羅，地空，地劫，化忌會齊，如果意志不堅，易患憂鬱症或結交損友。

◎大小限遇天機星事業多有變動。

☆天機星腦筋聰明，創意也一流，但易流於多學而不精，如果能培養耐心，專精於一種技能，並謹記滾石不生苔的道理，必能在專屬的領域裡獨領風騷。天機星通常缺乏偏財運，最好將「不投機、不賭博」當成終生的座右銘。

☆優點：指人個性溫和、待人親切，思慮周詳且學有專精，做事有始有終並具團隊精神，對於宗教哲學方面也常涉獵。

☆缺點：容易固執己見，獨斷專行，精神壓力容易過重，易受困於人情問題，常有好高騖遠之失。

三、正直之星：太陽星（熱情奔放、豪爽、看待事物理想化）

丙火，陰陽五行屬陽火，南斗為中天吉星，化氣為貴，為「事業宮」正主，主「貴」，「富」次之。

☆太陽萬丈光芒，威力無邊，要特別小心的是眼睛或頭部的疾病，因為太陽星掌管人體的頭部。善於從事服務性質的行業，如醫生、律師、社會工作者等，但太陽的主觀性強，心高氣傲也導致其愛面子，不願受他人指揮，反而有支配他人的強烈欲望，愛出風頭，坦率直言，容易得罪人。

☆太陽星偏向於政治方面，或公益、文教事業發展，是一顆動態星，亦是驛馬星。

◎太陽星不宜女命守命，主奪夫星，掌權柄，多勞碌，有男子之志，三合會太陰星，易有感情困擾。

◎太陽化祿入命宮、財帛、官祿都主有實權，為老闆之命格。

◎太陽化祿入兄弟、奴僕、子女、田宅，亦可當老闆，但較無實權，多為合夥之股東。

◎太陽化祿入父母，為從事文書方面的生意，但主權不在自己，亦即當經理但不是真正負責人。

◎太陽化祿入疾厄，是唯一沒有當老闆命之宮，以上班為宜。

◎若受雇上班工作者，太陽化祿入命宮、遷移、官祿、財帛時，有當主管掌實權之命。

◎太陽化權時，在男性代表創業，居官祿宮必為主管。入子女、田宅，主有創業做生意之舉。

◎太陽化權，男不可入夫妻宮，女不宜入命宮，主女性太能幹，喜歡爭權，多勞碌，婚姻不美滿。

◎太陽化權不宜入男命之父母宮，女命之田宅宮，亦主女性能幹、喜爭權。

◎太陽化忌為不吉之兆，不喜入官祿宮，主事業不振，一事無成。

◎太陽化忌入六親宮位，主對六親中的男性不利，多有損傷。

◎太陽化忌入疾厄宮，代表有眼睛方面的疾病。

◎太陽星在幼年期代表父親，中年期代表男性自己，女性則代表丈夫，晚年期代表兒子。

◎太陽星最喜吉星，同宮或會照左輔、右弼、文昌、文曲、天魁、天鉞等六吉星，一生皆有貴人相助，地位顯赫，一帆風順。尤其鍾愛三台、恩光、八座及天貴星，既添光彩，又多榮耀。

◎會照太陰與祿存，不但財權兼收，而且富貴雙全。

◎唯獨與太陰星同宮時事業不穩，感情變化多端。

◎大限流年，太陽星同度，若是入廟且遇吉星，必定會事業有成、財氣大增，家庭美滿、早生貴子。但若是落陷逢四煞、空劫，則事業一無所成，易被小人所害。因此，一生要慎防小人以及口舌是非，才能逢凶化吉。

◎太陽最怕在失輝不利事業，縱得富貴榮耀，也十分辛勞。

◎太陽廟旺在命宮或身宮，事業人事必順利；太陽在失輝，父母緣薄，外地謀生，操心操勞；男人不利父親，女人不利夫。**女命太陽性格剛者宜嫁性情溫和者。**

◎太陽廟旺加會左輔、右弼，能說善辯，居領導地位，社交能力強，有貴人助。

◎太陽失輝加會左輔、右弼，有幽默感，和群，自助人助。

◎太陽星沒有化科，因為本身已帶官貴特質，也不怕六煞星的威脅，能自然化解之。

◎太陽化忌：太陽廟旺脾氣暴躁，易得罪人，口舌是非不斷，易受人看輕。

◎太陽地空、地劫為財來財去為人好面子。

◎太陽文昌、文曲、易有文才能可成學者，專家。

◎太陽天魁、天鉞，好交友，逢凶有貴人相助。

◎太陽廟旺加會科、權、祿，能力強，人緣佳，人固執。

◎太陽在失輝時，先名利雙收後，有名無實。

☆優點：性格正直且熱情，處事積極而精力十足，領導能力優越、為人坦蕩無私，值得委託重責大任。

☆缺點：過份熱心而容易招搖，過於專注易使生活不安定、精神
　　壓力過重，坦蕩無私則易使親緣薄。

四、事業之星：武曲星（個性冷靜果決、很主觀）

　　辛金，在陰陽五行中屬陰金，北斗第六星，為財帛宮主星，是
財星也是將星，又為寡宿星。

☆此星性情剛毅而堅強，處世果決，當機立斷，絕不拖泥帶水，
　　使人偏重理智而產生激勵作用，有利於事業上的衝刺。武曲星
　　代表著「果決」及「事業」，其陽剛的特質，**較適合男人之命**。
　　於女性而言，可成為現今社會的女強人，但雖然容易獲得事業
　　上的成就，婚姻之路卻顯得較孤獨，且有晚婚的傾向。
　　同時，武曲星氣量寬宏且心直口快，對不滿意的事情皆直接反
　　應，具有權威性。
☆武曲性剛，也因此性急易怒，凡事欠三思。武曲星在紫微斗數
　　中屬於正財星，與經濟商業有著密不可分的關係，通常是天生
　　的生意人，擅長理財分析，具有投資的遠見，常是企業中的執
　　行者或領導者，尤其適合經營與金屬相關的行業如五金、鋼
　　鐵、科技業等。同時，此星又是寡宿星，性喜爭奪，所以有時
　　孤立無援；其孤克又對婚姻具有破壞力，或為遲婚，或為夫妻
　　感情不睦，或為生離死別。武曲星是一顆動靜兼備之星，因為
　　它心情好時，可以天南地北無所不動，心情欠佳時，落寞寡歡，
　　將它稱為「寡宿星」，一點也不錯。另外，又由於此星喜財，
　　往往大利當前，不擇手段。
◎武曲星在命宮，破軍星在身宮，或武曲星，命身同一宮，大都
　　背祖離鄉，巧藝立身之人，終身多成敗、多勞碌、不很得意。

◎武曲星論財，喜歡會合貪狼，尤其是己干、己運，祿權同進本宮，主偏財、橫發，逢祿存、天馬亦佳，唯財需在遠方求。

◎武曲星喜與吉星同宮或會照，可以增加武曲自身的氣勢，並強化其優點，加強其開創力量。

◎尤喜祿存和天馬星，可以增添其財源，大富大貴。

◎武曲與文昌、文曲同，又有吉星相扶，則為將、相，能掌兵權，以武職最宜，為文則多學多能。

◎四化星對武曲影響較大。

◎武曲最喜化祿，財源不斷，事業有成，最宜經商。

◎武曲星化祿入命宮、財帛或田宅，主很會賺錢，一生不愁沒有金錢使用。

◎化權則霸道異常，獨當一面，求財堅決果斷。

◎武曲化權入命垣主為人個性剛強。（化權為將星）

　男命不可入夫妻宮＼主性剛強。若入六親宮，主該六親者掌
　女命不可入命宮　／權。

◎武曲化權不可入疾厄宮，主身體上多災厄，尤其女命大多會流產。（將星不可入疾厄，否則為災厄。）

◎化科則有很深的文藝修養，利於在文藝方面的研究發展。

◎武曲化科主財，為正財星，但較無力。易獲財利、名聲，為人心較軟，不宜武職。

◎不喜化忌，凡事困擾重重，錢財耗散，人生坎坷，婚姻不利，再見煞星，往往發生災病意外，不得不防。與六煞星火星、鈴星、擎羊、陀羅、地劫、地空在命宮三方同宮或會照，會增加其負面獨斷的潛在個性。使得原本剛強的個性更為偏執、任性，而且不易與人和善相處。

◎武曲化忌不論男女，不可入官祿沖夫妻，主想結婚較困難，或結婚後又離婚，因化忌為寡宿之星，主孤寡。

◎武曲坐宮干化忌入田宅，主要成家很困難。（不是無緣，有時異性朋友很多，桃花現象很旺但結合的機會較小。）

◎武曲化忌入命宮逢天機，除需為庶出或過繼給他人外，尚主自幼吃素齋。

◎化忌入遷移沖命也同意義。心情放不開，固執，易有財務是非，破財，為財多憂。

◎如武曲坐戌宮，貪狼化祿入財帛宮，因貪狼為桃花星，又為財星，故可能要靠餐飲、服務事業賺錢。

◎武曲屬金，所以見煞往往帶有危險性質。

◎最忌與火鈴同宮，性情剛烈，往往暴戾。

◎與羊陀會照或者夾命，則流於奸詐。

☆女命武曲：勞碌，事業保守，個性固執。

◎武曲化祿、祿存，天馬有賺錢能力，社交能力強。

◎武曲沒有左輔、右弼，就沒有有利助手，財來財去，辛勞。

◎武曲文昌、文曲，易有才藝，為儒將不宜武將。

◎武曲天魁、天鉞，貴人相助，多賺錢機運。

◎武曲火星、鈴星、擎羊、陀羅、地空、地劫、化忌為人不易聚富，身體易受傷，宜習一技之長。

☆大小限遇武曲星有財祿之時機。白手起家對武曲星而言是家常便飯。但也因為太過專注於工作，武曲星常常很難體會「**休息是為了要走更長遠的路**」的道理。

☆優點：毅力十足肯吃苦耐勞，負責盡職、不畏艱難與挫折困頓，不輕易低頭求援，深具領袖氣質，兼具理性與感性。

☆缺點：於某件事容易過度操心，自我主觀過於強烈，自我要求過高而易使精神壓力較重，內心易有孤寂感而自憐自愛。

五、<u>福氣之星</u>：天同星（善良天真、樂天單純、抗壓性低）

壬水，在陰陽五行中屬陽水，南斗第四星，為福德宮主星，是「福星」，有解厄制化。

☆此星星性隨和，天生多福，安分守己，謙遜有禮，與人為善，喜歡悠閒自在的生活，順境時享受生活，逆境時苦中作樂，一般容易滿足。因此天同星有高遠的志趣，聰敏的思想，新穎的構思，愛好文藝，猶精通文墨。天同星的性情溫和，不喜與人起衝突，心地善良，謙虛不驕，喜愛文學藝術，注重物質與精神享受，愛好過悠閒的生活，天同星是福星，喜歡女命守命或居福德宮，男命若是如此，反主中年無抱負，無雄心，只重享受。而女命福德是根基也。是一**顆比較適合女性**的星曜。

☆天同又主享受，有時又有不守時、愛嗟怨、喜浪費等劣習。聰明多學但較不專精，平生有許多理想及計畫，卻缺乏執行力。在現今社會，步調稍嫌緩慢，且對名利事業沒雄心大志，所以**不適合經商創業**，較適合一步一腳印、循序發展的上班族。

◎天同星單守命宮，再逢四煞星同宮，反主有激發之力，但宜注意，容易步入歧途或思想偏激。

◎天同星喜諸吉星。與左輔、右弼會照時，多有外力幫助。

◎天同化祿入命宮、財帛、官祿皆非吉象，主不求上進，只圖享樂。

◎天同化權入疾厄，反主不利健康。

◎天同化權入官祿，能在財經方面掌大權。得財容易，事業有成，加會文昌可成巨富。

◎天同化科，主福氣，入福德宮最佳。

◎天同化忌入命宮，主辛勞，乃無享福之命，即使努力工作，但所賺的錢也難使收支平衡。

◎天同化忌入命宮，主為人懶惰成性，不喜歡工作，縱使賺了錢，也有福不會享，且有機會也捉不住。

◎天同化忌入疾厄，主身體多病痛，因福星化忌而失去解厄之力，故有疾病時復原較慢。

◎天同化忌不宜入福德，主無福可享，遇災厄亦無制化之能力。

◎天同化忌入官祿，主為事業奔波勞碌，在事業上也無貴人相助。

◎天同化忌入財帛，主收入不豐，所賺之錢不足以養家糊口。

◎若天同化忌入六親宮，主該六親宮者無福，不會享受，身體不好。

◎若天同化忌入奴僕，主無良友。

◎會文昌、文曲時，則有才華，深具文學天賦，又會擎羊時，則能把這種天賦激發出來。

◎與祿存、天馬會照，則財、福雙美。

◎天同星的人緣很好，一生常有貴人相助，不怕六煞星的威力，都可以自然化解。

◎天同星是福星，因此不怕與諸煞同宮或會照，諸煞星對天同的殺傷力幾乎不起什麼作用，反而會很自然的無需抵抗就被化解。天同星反而喜歡六煞星帶來的衝擊力量，可以減低其負面性格中的拖延和懶散，帶來開創性和積極性。

◎天同左輔、右弼，人緣佳，生活自在。

◎天同文昌、文曲，有學問才藝，易為感情所困。

◎天同天魁、天鉞，有貴人相助，桃花重。

◎天同化祿：福氣好但懶散，善於享受。

◎天同化權：有鬥志、志向。

◎天同化忌：有福享不到，不愛工作，多操心。

◎天同火星，鈴星；加強天同的積極性。

◎天同擎羊、陀羅多主受傷，開刀，辛勞。

◎天同火星、鈴星、擎羊、陀羅、地空、地劫、化忌主作事忙亂。
　大小限遇天同星凡事如意。

☆天同星的天性太過樂觀，又缺乏危機意識，較適合在順境裡發
　展，無法在逆境中開創新機。

☆優點：寬宏的心胸不喜記人仇恨，優越的社交能力使人緣極好
　連帶貴人運強，為人信守承諾又處事循序漸進讓各方面又增添
　了許多分呢。

☆缺點：心胸過於寬大反而容易不修邊幅，社交能力過強容易遇
　到不好的桃花且易被人情所束縛，另外，就是感情容易重於理
　智而容易喪失了判準。

六、公關之星：廉貞星（很有毅力，很不服輸）

　　丁火，在陰陽五行中屬陰火，北斗第五星，為精魂之星，化氣
為囚，司品秩與權令，亦為官祿主。

☆在官祿宮時，象徵囚，代表營業狀況不佳，發展不出去。為次
　桃花星。此星是一顆多變化的星曜，因此好壞不定，吉凶不定。
　其實廉貞星並沒有如古書中形容得這麼邪惡，只是「次桃花」
　的能量帶來了熱心的性格，但有時則表現出急躁、情緒起伏較
　大的特性。

☆廉貞星在紫微斗數裡為次桃花，與貪狼星之正桃花的區別，在
　於貪狼星較重視男女之間的情感及物質上的享受，廉貞星則偏
　向心靈感受及事業上的衝勁。天生便具有政治思想及政治手
　腕，喜歡從政或從商。廉貞星的正面特質為擅長交際及應變，
　所以適合從事結合「交際」與「應變」特質的工作，如櫃台工
　作或公關業務。廉貞獨具的藝術美感，常使廉貞坐命的人從事
　裝潢、時尚美容、禮品或演藝娛樂、大眾傳播等行業。正是因

為廉貞的多變性，所以，在豪氣沖天的同時，又很小器，喜怒無常，脾氣又有時浮蕩暴躁，喜好勝爭強。又由予廉貞的感情色彩濃厚。廉貞有專業精神，可學多種才藝專長，但也要防桃花感情之困擾。因此，此星主觀性極強，缺少理智，若將長袖善舞的公關能力發揮於政治表現，則可以往公家機關或政界發展，或投入與社會工作有關的公職。

◎廉貞星在命宮、身宮或子女宮、田宅宮為次桃花，如有化忌同宮，可產生牽制作用。

◎廉貞星在疾厄宮屬意外之災或疑難雜症之類。

◎廉貞星與貪狼星一樣，烈化之後為貪與爭之代表，亦謂之現實，為人性格較硬、浮蕩、不拘小節、心直口快、好勝心強，屬投機取巧之聰明，容易有聰明反被聰明誤之缺點，因此容易流入邪惡。

◎廉貞星與太陽星之區別，太陽星屬陽，屬動，要支出勞力才有代價，才有收穫，而廉貞星屬陰，又屬靜，代表營業的狀況，如賭博、投機、不正之桃花（肉慾的）有善惡兼備之本性，可用「近朱者赤，近墨者黑」來形容它的造化，但畢竟幼年非常辛苦，有刻苦耐勞之本能，唯長大後一有了成就，便會重於物質之享受，甚至賺錢會不擇手段的去獲得，因此容易為利益所誘惑，導致賭博、冒險、投機之慾念，是爭貪之故也。

◎廉貞星入命，六親大都無靠，好強性硬，不認輸，不認敗，易弄巧成拙，是它之缺點。

◎廉貞星在寅、申、巳、亥宮，與驛馬有關，若是命宮，驛馬動態更強，一般都外出發展，甚至到國外從事貿易、留學等。若是田宅宮，則主幼年背祖離鄉，在外地謀生發展居多。

◎廉貞化祿入命宮，主為人較保守，缺乏衝勁，故利於公家機構上班。

◎廉貞化祿入命宮、官祿、財帛，主做事順利。入田宅宮，主家中平安，家人相處融洽。

◎廉貞化祿入命宮、田宅，主有財且帶桃花。

◎廉貞化祿入六親宮，主六親有異性緣，屬暗桃花。

◎廉貞化忌主身體方面的疑難雜症，或有癌症之傾向。

◎廉貞化忌入疾厄、福德，主災厄，為意外之災禍。

◎廉貞化忌又為是非之星，入子女或田宅，皆主家中多是非，公務員則有行政官非。

◎廉貞化忌入遷移沖命宮，亦主意外災禍。

◎廉貞化忌入夫妻、田宅，主事業上的是非，例如：記過、調職等。

◎廉貞化忌入財帛，主在錢財上易發生糾紛。

◎廉貞對吉星的喜好較為特殊，尤其喜歡文昌、文曲，能使其優點增強，化解其陽剛之性而成為文質彬彬之人；天魁、天鉞則不被廉貞所喜，有畫蛇添足之嫌。

◎與貪狼同宮時，則不喜見文昌、文曲而增加貪狼的「滑頭」性質。

◎又不宜與天馬同宮，增加其「忙碌」的性質。

◎廉貞最喜化祿同宮，使其陽剛之氣得以調和，容易親近，上進心也會加強，一生財源不斷，還可增加其社會地位與成就。

◎廉貞最怕化忌，有膿血之災，命格偏低，脾氣急躁。想不開，官司，身心難安，敗桃花，感情不定，不信邪，為人叛逆，對於外貌及儀表會有不良之影響，對感情也具有殺傷力，情海中常生變數。

◎廉貞不喜煞星。此星對火星、鈴星、擎羊、陀羅四星抵抗力較弱。

◎與火星同宮，脾氣暴戾，六親寡合。與鈴星同宮，搬弄是非，陰險狡詐。

◎與擎羊同宮則好勇鬥狠。與陀羅同宮則心術不正。

◎廉貞加會擎羊、陀羅身體多傷災，或與人爭鬥受傷。

◎廉貞對地空、地劫卻能忍受，喜歡標新立異，多為職位頗高的公職人員，或是有專長的理工人才。

◎廉貞加會左輔、右弼，有能力，可掌大權，為人精神佳，有貴人助。

◎廉貞加會文昌、文曲，有明理，有魅力，感情多風波。

◎廉貞加會科、權、祿工作順利，名利雙收。廉貞星不化權，因為本身的積極性已帶有掌權性質。

◎廉貞星也不化科，因為本身已帶有桃花及享有知名度

◎廉貞加會火星、鈴星、擎羊、陀羅、地空、地劫、化忌莫名之災難不斷，不宜賭博易犯小人。

◎大小限遇廉貞星有突發之幸運及桃花運。

☆優點：敢作敢當且是非分明，觀念新穎而領導力強，做事有方法又果決，待人和睦而樂於助人。

☆缺點：鋒芒太露易遭人忌妒，凡事要求過嚴易使情緒波動，觀念新穎卻容易偏離道德要求而容易觸犯法規。

七、財富之星：天府星（個性保守、好佈施）

戊土，在陰陽五行中屬陽土，為南斗第一星，也是南斗諸星之首，是財帛的庫府。

☆坐入命宮代表一生在錢財上比較富足，或擁有較順利的人生歷程，是紫微斗數中**最安定的一顆星**。因此又名祿庫之星，乃富貴之根基，是紫微帝君身邊的副將。逢祿存、武曲多努力可成巨富。

☆此星性質穩重、安定、專注、保守、自信，凡事有容讓之心，謹守自己的崗位，不輕易改變生活方式，很少更換工作。為人處事，謹言慎行，不得罪人，很少有大的波折，一生平穩並能夠自給自足。

　　天府又是南斗主星，所以又極具領導才能，能夠適應周圍環境的變化，做事循序漸進，善處理復雜的問題，同時又能避免獨斷專行。

☆天府是財帛的庫府，因此多愛惜錢財，重視名利，善於理財，喜歡儲蓄，自然地使財庫內有所積存。

　　天府星代表智慧、才能之星，故天府也是一顆貴星，喜歡會六吉星，更易顯貴，為人孤高，大都獨立創造人生，但較重視名利，略有高傲自賞之心態，然心性溫和、聰明、靈巧，有學習多項事務之能力，思想不偏激，可謂「多才多藝」，也是一顆善良的星。

☆天府的領導才能使其有時又有很強的權力欲望，以至於喜歡駕馭別人，不愛受約束，高傲又有些孤芳自賞。天府星比較適合公務人員或上班族，可以擔任單位主管，但不適合獨立經商創業，較常見守成的企業家第二代。若是經商者，最好往較穩定的行業發展，因為「財庫」的特徵是不會有「重大損失」，但也不會「一夜致富」。

◎天府喜吉星。當與紫微同度，得左輔、右弼、天相、武曲、文昌、文曲、天魁、天鉞會照時，構成「君臣相會」，主大富大貴。

◎天府星不宜入奴僕宮，為迎奉之人而成貴，換言之要貴顯，變成迎奉者，若不會，定主多勞碌。

◎會左輔、右弼時，多有助力，下屬眾多，循序漸進，步步高升。

◎天府最喜與祿存同宮，能夠帶來吉祥，同時又主其財庫富足、充實。

◎天府遇化祿與紫微同，有解厄延壽之功。

◎天府化祿入福德、疾厄，主身體健康，有解厄之功。

◎天府化祿入田宅，主有財庫。祿庫之星最喜入命宮、田宅。

◎天府化祿入命宮、官祿、財帛，因係祿庫之星，故並不產生錢財上的作用，僅主有財源（賺錢的方法，謀生的技能），及事業上有貴人相助而已。

◎天府化權入命宮，主聰明過人，能力很強，但也喜掌權。

◎天府化權入官祿，主能當主管。

◎天府化忌入命，主一生無財富可享，為錢財奔波。

◎天府化忌入財帛，其人必視財如命，以吝嗇出名。

◎天府化忌入夫妻沖官祿，對事業不利，夫妻感情不和。

◎天府化忌入田宅，主財庫有破，錢財存不下來。

◎入奴僕宮，主財庫係他人所有，所賺的錢會被朋友或他人所帶走。

◎天府遇化科，主衣食享受，有修養，名聲良好。

◎天府化科入疾厄，亦有解厄之功，主長壽。

◎天府不喜見煞。若為火星、鈴星、擎羊、陀羅四煞沖破或與地空、地劫同宮，則財庫暴露，引起爭奪，有投機取巧之心，並進而產生困境。另外，空亡對天府的傷害最大，天府亦最怕空亡與地空、地劫、天空、截空、旬空等星曜同宮時，則會有孤立無援的現象，容易讓人產生猜忌，人緣不好。

◎天府是財庫星，命宮有天府，多有儲蓄，跟會習慣。善積錢財，理財，購置田產。

◎天府女命得之，旺夫益子，任何職務都能負責盡職。

◎天府加會左輔、右弼，有能力，可掌大權，為人企劃組織力佳，有貴人助。

◎天府加會文昌、文曲，有文采，有風度，才華洋溢。有很好的文學藝術修養。

◎天府加會天魁、天鉞，有貴人相助。一生多有良好機遇。

◎天府加會火星或鈴星多耗財。

◎天府加會擎羊、陀羅不重錢財，財來財去。

◎天府加會火星、鈴星、擎羊、陀羅、地空、地劫、化忌，易患感冒小病不斷。

◎大小限遇天府星想當老闆有意外之財運。

☆天府星常誕生於較富裕的環境，因此有容易滿足現狀的缺失，要多留意時勢的潮流變化，訓練自己應變的能力，才能在瞬息萬變的年代掌握先機。

☆優點：心地寬厚又慈悲為懷，熱心助人且不喜計較，天性樂觀而生活自由恢意，待人有禮且不拘小節，最喜安定中求進步。

☆缺點：大而化之而容易吃虧、受騙，生性樂觀則做事容易缺乏衝勁，生活過於恢意則易欠缺開創精神，太過安定而容易因小失大以致於難以擔當重任。

八、貞節之星：太陰星（愛乾淨、性格內斂、是個浪漫的人）

癸水，在陰陽五行中屬陰水，在天上為月之精，是中天斗吉星，化氣為富，為財帛宮、田宅宮主星。也是祿庫之主宰，又代表母宿、妻星、女兒。

☆醫護工作或是幼教工作最能發揮太陰星鍾母性的潛能。太陰星主聰明清秀，心情溫和，有潔癖，感情方面較脆弱。又稱為血光之星，與開刀有關。在身、命宮，聰明清秀，性情溫和博學多能。

☆此星能使男命格外溫柔，有與異性多接觸的機會，氣度寬宏，浪漫多情，博學多能，個性內向而擅思考，太陰亦為財帛、田宅宮主星，主祿庫，所以一生中物質豐富，雖不在意錢財，但

懂得也善於理財，是紫微斗數裡的財星，其財富多由積蓄而來，最喜歡坐在財帛宮。

☆太陰星不宜男命守命，主奪妻星，有女人之舉止儀態，性急，有猜忌心，喜好杯中物，亦喜近女人，夫妻感情易有困擾，一般皮膚較白，大都以藝術為涯者，或從事文教者居多，若與祿存同宮，可增加其光輝。

◎太陰星也是一顆驛馬星，尤其在寅、申、巳、亥會天機星時，容易跋涉他鄉，在外謀生求發展。

◎太陰星入男命命宮或夫妻宮、財帛宮、子女宮，一生多艷遇因妻而貴，或因女人而得財，與文昌星、文曲星、左輔星、右弼星相會時力量更強，但有多災病之慮，宜多加保重。

◎太陰化祿入兄弟、奴僕、子女、田宅為合夥格，乃股東之命。

◎太陰化祿為財庫之星，入財帛、田宅必富。

◎女命太陰化祿入命宮、財帛、官祿為老闆格。男命太陰化祿入官祿，為夫妻遷移，主妻有老闆格。

◎太陰化祿入疾厄，乃財星入病宮，主沒有當老闆的命。

◎太陰星喜太陰化祿入父母，宜從事文化事業的工作。

◎太陰最喜遇化吉星。無論化祿、化權、化科對之都有助力。

◎太陰星化祿，則顯現出善於理財的特質，可任職於財經界或從事理財工作，一生富足，財富不盡。

◎遇化權時，能使較為陰柔的個性變得剛柔並濟，顯現其衝勁，事業有成，能夠掌握實權。

◎遇化科時，則因財得名。太陰星化科最利於文藝創作或研發工作，可發揮個人才華，並享有知名度。

◎太陰化權，若女命入命宮，主勞碌奔波，也代表創業。

◎無論男女命，太陰化權的創業人，入兄弟宮主姊妹，入父母宮主母親，入夫妻宮主女性配偶，入奴僕宮主女性朋友。

◎太陰化科，有私房錢，因太陰為暗星，又為財庫之星。

◎太陰化科入遷移照命宮，主喜歡存私房錢，也代表常常有錢花。

◎太陰化科入官祿照夫妻，主配偶藏有私房錢。

◎入子女宮，主會有暗中給子女零用錢的行為，而子女亦存有儲蓄。

◎太陰化忌，主不利於女性，入疾厄、福德主災病，女命則代表有婦女的暗疾。

◎太陰化忌入財帛、田宅，主財庫有破，多代表損耗而不存財。

◎遇吉星。當遇左輔、右弼時，則有福澤。

◎當與文昌、文曲相夾或會照時，必有文藝才華且博學多能。

◎當遇天魁、天鉞時，則能夠遇到貴人，多平安順利。

◎當遇祿存時，則一生財源不斷。

◎太陰星不喜六煞，當其落陷時遇擎羊、陀羅、火星、鈴星時，有肢體傷殘之災。

◎太陰落陷再遇煞星時，則一生多勞碌，財來財去，同時，易因錢財而引起糾紛。

◎太陰以卯辰巳午未為失輝，以酉戌亥子丑為廟旺，代表有福，會享受，找快樂，重感情，失輝必凶，力不從心，膽子小，感情不順。

◎太陰廟旺，代表富貴。太陰廟旺善積錢財，購置田產。

◎太陰廟旺加會左輔，右弼，有福氣，有管理能力，有貴人助。

◎太陰失輝加會左輔，右弼，競競業業，為人隨和，自助人助。

◎太陰加會天魁，天鉞，宜公家機關，有貴人相助。

◎太陰化權：太陰廟旺管理能力佳，有鬥志，創業心，會享受，勞碌命，無福享受。

◎太陰加會科、權、祿，財源滾滾，名聲佳，運勢亨通。

◎太陰加會火星或鈴星感情困擾，多耗財，因災禍受傷。

◎太陰加會擎羊、陀羅防頭部受傷，不利妻子。

◎太陰加會火星、鈴星、擎羊、陀羅，地空、地劫、化忌，易失戀，易小病不斷。

◎大小限遇太陰星主戀愛，名望，置產運。

☆優點：個性謙虛且待人和氣，勇於負責而合群性高，做事按部就班又講求生活情趣，理解力強、樂於學習研究。

☆缺點：多愁善感而缺乏主張，情緒起伏大容易悲觀，理想過高卻又逃避現實而難以面對挫折，私心過重、兩性問題多。

九、慾望之星：貪狼星（喜愛交際、做事投機）

甲木，在陰陽五行中屬陽木，在體為陰水，為北斗第一星，化氣為桃花，主禍福，是天上排憂解難的星曜，為多欲之星。亦稱財星，又是壽星，乃解厄之神。

☆為人好動外向，不耐靜，多慾望，性剛兇猛，機深遠謀，喜怒無常，做事急速，但耐心不夠。貪狼外向，與人相處融洽，直率敢言，自信並善於表現，敢於面對各種各樣的競爭和挑戰，適應各種各樣的環境變化；貪狼聰明且有智慧，學習能力強，足智多謀，具有新思想、新觀念，能夠帶動新的潮流；貪狼善交際，朋友眾多，貪狼為桃花之星，所以很有異性人緣。

☆在斗數中，因為七殺、破軍、貪狼三顆星，在命盤三方永遠會照，便被稱為「殺破狼」格，擁有此種命格的人，人生歷程或感情生活，通常比較容易大起大落。再來貪狼星的特徵比較偏向酒色財氣，要防貪求物質，桃花感情困擾。所以貪狼星與財有關，帶動殺、破、狼。武曲星為正財星，居第一位，貪狼星接著居第二位，但貪狼星之財，有成中帶破之感，古有言：「壽星入命，不發少年人」。因此武、貪不發少年人，早發會再敗，三十五歲前，如曇花一現。

◎貪狼星與廉貞星同，烈化之後，主「貪爭也」，愛恨難分，有
　報復之心態，因此是禍是福常在一念之間而發生，故主禍福也。

◎如果命宮中有火星、擎羊等星同宮，可學習與美容有關如剪
　髮、燙髮之專門技術。

◎貪狼星入命宮，主喜研究仙術、哲理之學，聰明急智遠勝天機
　星，反應快。

◎貪狼星入命，主桃花（肉慾的）需參看福德宮而斷，唯有命宮
　或身宮有地空星或地劫星進來，才能反習為正。

◎貪狼星入命宮，在辰戌丑未宮，為吉地，有解厄之功，在辰戌
　宮，若貪狼星不化忌又與火星同宮，謂之火貪格，貪狼星不化
　忌又與鈴星同宮，謂之鈴貪格，皆為特別格，主橫發，切記！
　發後宜守。

◎貪狼星喜吉曜，主榮華富貴。喜左輔、右弼，多助力，有眾多
　下屬。

◎喜天魁、天鉞，風度翩翩，且多機遇。但不喜文昌、文曲，雖
　通曉琴棋書畫，卻流於浮華。

◎喜會祿存，可增加財富，提高社會地位，但不喜與之同宮，主
　自私自利。

◎貪狼星入命宮，喜歡與祿存星或化祿同宮，可以相扶以正，步
　入歧途的機會較少。

◎貪狼化祿，大吉大利，通過交際手段而獲得財富。

◎貪狼化祿喜會武曲，有利於競爭，女命若無吉星會合，容易用
　犧牲色相來達到目的。貪狼化權，具有強烈的佔有欲，常常會
　不擇手段，而產生仇恨。

◎貪狼星不宜女命守命，因為貪狼星是一顆桃花、肉慾兼備之
　星，又是財星，難免不安於室、主好動、外向、不耐寂寞，宜
　多修心養性。

◎貪狼星財星入辰戌丑未宮，謂之財入庫位，不受天羅地網限制，記住！忌沖破庫而後發。

◎貪狼星入命宮，在丑未宮，又逢壬年干生人或癸年干生人，化忌入命宮，宜做現金生意，偏門生意，或以藝術、哲理、文路方面發展。

◎貪狼星入財帛宮，賺偏門藝術財，三十歲前，財來財去，三十歲後才守的住。

◎貪狼星入官祿宮，艱辛奮鬥，三十歲前運途不佳，三十歲後漸好轉，漸入佳境。

◎貪狼星入田宅宮、子女宮，三十歲前，田宅庫位不能早發，早發必破，三十歲後漸好轉。

◎貪狼化祿入命宮，主財、壽及桃花。

◎貪狼化祿入福德、疾厄，主延壽、解厄，但也代表性慾較強。

◎貪狼化祿入官祿、財帛，代表賺錢。

◎貪狼化祿亦主偏財，略帶投機性，而武曲則為正財、靠正當生意進財。

◎貪狼化忌貪狼屬水，故化祿入命宮、遷移、子女、田宅，主為人聰明、世故。

◎入奴僕宮，主慷慨好客，因財給朋友之故。

◎貪狼星是紫微斗數中最喜歡化忌的一顆星，可使酒色財氣的特質減至最低，導向正面才藝發揮。

◎喜歡與火星、鈴星同宮，可以增加貪狼星的力量，有突破性的表現，若再遇化祿，則有突發之財。

◎喜與空亡同宮，能在才藝上發揮出色；與地空、地劫同宮，宜理工及科學研究。

◎最怕擎羊、陀羅二星，有不良嗜好，主因色惹禍。

◎貪狼遇吉則主富貴，遇凶則主虛浮。

◎貪狼化權入命，主為人固執，不喜接受別人指揮，也喜歡當老大佔權。

◎貪狼化祿：善交際，善體人意，有人緣，有偏財。

◎貪狼化權：有作為，會交際，有桃花，有偏財。

◎貪狼化權入官祿、財帛，代表創業，有一股強烈的衝勁及奮鬥意識。

◎貪狼化權入疾厄或福德，並不主壽，而是容易有意外傷害，生病較麻煩。

◎貪狼化權入子女沖田宅，主與子女意見不合，易有代溝。

◎貪狼化忌入疾厄、福德，主體弱多災厄，生病時抵抗力較差。

◎貪狼化忌入財帛，容易因桃花而產生金錢上的糾紛。

◎貪狼化忌入田宅，主一生多桃花糾紛。

◎貪狼化忌入父母、疾厄，主身體上有難醫之症。

◎貪狼加會左輔、右弼：敢賺敢花，管理能力強，善應酬交際。

◎貪狼加會文昌、文曲：言語誇張，計劃多不周詳，善察言觀色，感情不定，博學多能。

◎貪狼加會天魁、天鉞：人緣好，桃花佳，有貴人相助。

◎貪狼加會科、權、祿：桃花財源滾滾，食祿佳，長壽，運勢亨通。

◎貪狼加會火星或鈴星有暴發機運，從商者機運到，發意外財。

◎貪狼加會擎羊、陀羅防頭部或下半身疾病，體質不良。

◎貪狼加會火星、鈴星、擎羊、陀羅、地空、地劫、化忌，感情問題，生活沒目標。

◎大小限遇貪狼星主桃花運，社交應酬運旺。

☆常因感情豐富和異性緣佳，一生中或多或少會惹上感情糾紛，務必要特別小心處理感情問題，多培養自己「以退為進」的藝術，主動避免競爭反而容易有成。

☆優點：靈敏機巧且擅於交際，多才多藝又見多識廣，做事有幹勁且能觸類旁通，常得異性助力，偏財運奇佳。

☆缺點：學習多樣卻精通者少，喜於享受易使虛榮心重，桃花運旺而常有感情困擾，思緒反覆、言行易難以一致。

十、糾紛之星：巨門星（口才佳、心思細）

癸水，陰水，在天上為北斗第二星，主明爭暗鬥，司口舌之神，化氣為暗，主是非，又名隔角煞，代表嫉妒與猜忌。

☆此星多動「口」，所以心直口快，能言善道，說話速度很快而且舌燦蓮花善於處理公共關係，主觀而又自信，表達能力強，有辯才，喜歡運用自己的口才來說服他人。天性喜歡自由，不喜受拘束，帶有衝動及叛逆的個性，也因此能夠經歷各種各樣的人生，很好地與人溝通並善於準確地傳達資訊和排解糾紛，分析能力強，受到別人的肯定與支援。俗話說「言多必失」，因此，巨門星雖能言善道，長於口才，但也多招惹是非，口舌連連，喜歡猜忌，揭露別人的隱私，愛出風頭，善欺瞞，舉棋不定的心性，常常讓巨門星，言多必失。因此最不喜歡化忌與六煞星同宮，因為言辭鋒利，容易引起別人的反感，得罪別人增加是非和糾紛。

◎巨門星又主辛勞，奔波勞碌而難得清閒。

◎巨門星入命，主一生容易招是生非，六親寡合，善欺瞞，做事進退反覆，多學少精，勞心多。

◎巨門喜諸吉，可以良化巨門的特性。

◎巨門星是一顆孤獨之宿，唯有祿存可以解其惡。

◎巨門星也是一顆驛馬星，若命宮在寅、申、巳、亥宮會太陽星，主背祖離鄉，自我獨立格，或有搬家而離開出生地，或與婚姻、子女之間的緣較薄，易有爭執，也有奔波勞碌之驛馬動態。

◎巨門星入六親宮，代表排斥性較強，象徵遺棄星，主本身與六親緣分較薄，如在父母宮宜過房認義父母，或自小給神做義子，在夫妻宮宜晚婚為佳。

◎巨門化祿入命，主有口福，口才好，藝多而不精，且善吹噓。

◎巨門不是財星，若化祿主靠嘴巴賺錢，如民意代表、經紀人、教師、歌星等。

◎遇左輔、右弼能有外界的幫助，有眾多的下屬，減輕其猜疑之心，轉化為良好的思考能力。

◎文昌、文曲可使巨門言辭得體，學習能力加強。

◎巨門辛干化祿，坐福德宮，主一生有口福，因福德為享受之位，坐官祿宮，主常有事業上或工作上的口福，例如：交際應酬、從事餐飲工作之類。

◎女命不喜巨門星，坐命難免是非多，若遇文昌或文曲同宮，不管其四化如何，必主水性楊花無疑。

◎遇天魁、天鉞則一生多良好機遇。會天馬，必須見祿存、化祿才能有所成就，否則，一生奔波勞碌。

◎巨門化忌主人事、口舌之非。入田宅則家中不安寧，遇天刑或羊刃，或恐有牢獄之災。

◎巨門化忌入疾厄、父母，主愛多管閒事，女命則為三姑六婆型的長舌婦。

◎巨門化忌入命宮，一生易惹是非，人生際遇多不順遂。

◎巨門化忌入財帛，主金錢上的是非糾紛。入官祿，主事業上、工作上的是非。巨門化權入財帛、官祿，亦代表麻煩事眾多，此乃「是非只因強出頭」。

◎巨門化忌代表死亡時，必主女性而不主男性，因巨門永在太陰之福德的緣故。

◎巨門化忌入疾厄、父母時，亦主身體上有痼疾，此與陰宅風水有關。

◎巨門化祿，說話講理而帶感性，有親和力。

◎巨門最喜化權，說話具有權威性，條理清晰，多取信於人而減少是非。

◎巨門化科則文質彬彬，謙謙君子。

◎巨門對煞星的抵抗力較弱，最怕其干擾，除脾氣不好外，更主六親寡合，背信棄義。

◎此星最忌擎羊、陀羅，感情波折；不喜火星、鈴星，增加困擾；與地空、地劫同宮，則更加坎坷。

◎與人交往開始熱絡以不歡而散結束，**十二宮中到處為災，奔波勞碌**。

◎巨門做事負責認真，合情合理也易受人口舌不滿。

◎巨門化祿業績佳，善於買賣，能言善道。

◎巨門化權管理能力佳，能言善道，唯小心中傷人，反犯小人。

◎巨門化忌叛逆心重，口舌是非，莫名之災，事業變動。

◎巨門加會左輔、右弼，衣食無缺，有貴人助。

◎巨門加會文昌、文曲，有文采，說話有道理，反應靈活，宜公職，文化事業，感情不定。

◎巨門加會天魁、天鉞，宜公職，文化事業，有貴人相助。

◎巨門加會化科、化權、化祿，有實力，事業有成。

◎巨門加會火星或鈴星易得罪人，小心火災。

◎巨門加會擎羊、陀羅，感情或人事是非不斷，易受傷。

◎巨門加會火星、鈴星、擎羊、陀羅、地空、地劫、化忌，口舌感情問題，壓力重。

◎大小限遇巨門星主容易出名。

☆巨門星喜歡高談闊論，卻常無法付諸實踐，帶給人不夠踏實的感覺，和他的陰暗及口舌是非的特質，常令自己平添許多人生波折，在不知不覺間，禍便從口而出了，因此，謹言慎行，多說好話，是破解巨門星陰暗及是非的最好方法。

☆優點：理解力強且頗有創見，心思細密而頭腦冷靜，吃苦耐勞卻很有遠見，處事中規中矩、著重踏實生活，喜歡直來直往卻待人有禮。

☆缺點：常有口無心容易造成誤會，做事欠缺技巧、不易服人，容易杞人憂天導致精神壓力過重，經常恃才傲物而招來反感與妒忌。

十一、忠誠之星：天相星（好享受、很有品味、重視生活品質）

壬水，在陰陽五行中屬陽水，南斗第五星，化氣為印，為掌印之星。又為官祿主，能解廉貞之惡。

☆天相星為吉祥、慈愛之代表，待人和藹可親，個性幽默，喜歡和他人講悅耳的言語，而博得別人之喜好，也是一顆開心果。天相具有政治色彩，被前人比喻為掌印之官，雖缺乏領導氣質，卻有輔佐之力，具有管理協調的能力且忠心耿耿，是最理想的幕僚人才。

☆天相星入命，稟性聰明，有同情心、服務熱忱，喜歡錦衣玉食，比較重視外表的虛榮。天相又有正義感，樂於助人，對別人的困難給予幫助，對別人的悲慘遭遇給予同情，這種精神多發自內心，任勞任怨。天相星的內在，潛藏著強烈的好奇心及追根究底的精神，對於感興趣的事物，肯用心去探索學習。因此，除了正業之外，也能兼具其他才藝。忠貞不二的個性，會使天相星終生從事同一種行業，但其可塑性高，可從事的職業範圍

相當廣闊，也可身兼數職。因此，重信用、守諾言也成為天相的基本性質；因為誠實，所以一生靠勤勞獲取收入，故生活節儉，喜儲蓄。

☆天相星也是處理人際關係的高手，很適合人事管理或公關協調的工作。也因為是君王身邊的宰相，天相星比較不適合獨當一面，而是以擔任幕僚或輔佐人員，如秘書、總務、特助等職為最佳選擇，可發揮其任勞任何怨的特性。

◎天相星與左輔星、右弼星、文曲星同宮，尤其是女命命宮或夫妻宮有此三星者，應多注意感情問題，畢竟天相星屬人緣之星，加上左輔星、右弼星、文昌星、文曲星進來，桃花星太多，則追求的對象也多，因此結婚易生波折，宜晚婚為吉。

◎會文昌、文曲，才華橫溢，談吐溫文爾雅。有文采，說話有道理，彬彬有禮。

◎會天魁、天鉞則結交有地位人士，有貴人相助，一生近貴。

◎會祿存、天馬，財源不斷，宜他鄉發展。

◎最喜左輔、右弼、龍池、鳳閣相夾，增加氣勢，為顯貴為的人服務，能獨當一面。

◎天相居遷移，命宮必見破軍，主出外有貴人相助。

◎天相遇化祿入命宮、福德，主多衣食享受。

◎天相星喜歡會見化祿或財蔭夾印，能夠增加財富，提高社會地位。

◎天相星的個性穩定，不需要四化星。但最不喜化忌，其性質會受到壞的影響。

◎天相化祿入財帛、官祿，主利於從事服飾業或餐飲服務業賺錢。

◎天相遇化祿、化權入疾厄，主皮膚病或血液方面的疾病。

◎也不喜與火星、鈴星同宮，其穩重的性質遭到破壞，變為焦慮、急燥，易惹災禍。

◎天相加會科、權、祿，有實力有作為，事業有成。

◎天相化科，主有解厄之功，入父母、疾厄能逢凶化吉。

◎天相遇化忌，主有文書、印鑑、契約等方面的是非。

◎天相遇化忌入田宅，主買賣不動產有是非。入子女宮或田宅宮亦主桃花。

◎天相化忌入命宮，主有文件處理上的錯誤或行政是非。

◎天相化忌入財帛，主支票、有價證券、背書等宜小心行事，否則容易產生糾紛。

◎天相化忌入官祿，主工作上的差錯，遭致行政處分。

◎天相化忌入奴僕，主朋友、同事在文書、契約上常出差錯，而遭拖累。

◎天相加會火星或鈴星小心災傷。

◎天相加會擎羊、陀羅感情多風波，破財。

◎天相加會火星、鈴星、擎羊、陀羅、地空、地劫、化忌，變動大，煩憂多，宜技藝安身。

◎大小限遇天相星主社交多。

☆天相星是**路遙知馬力型**的最佳代表人物，能從平凡中求發展，但天相星有時會因為太過猶豫，缺乏雄心大志而錯失良機，天相星之所以猶豫，一方面也是因為沒有碰到「明君」。這對愛打抱不平的天相星來說，「近朱者赤，盡墨者黑」是相當重要的警言。

☆優點：個性爽朗且樂於助人，思慮周全具有企劃才能，人際關係和諧且不喜計較仇恨，喜好文藝且常識豐富，能夠為陌生人犧牲奉獻且有不錯的溝通能力。

☆缺點：心大膽小但虛榮心重，意志心態不堅常輕言允諾，眼高手低、專業精神不足，多說少做又喜歡粉飾太平，欠缺雄心壯志。

十二、良心之星：天梁星（*成熟穩重、個性自律*）

戊土，屬陽土，南斗第二星，主壽，化氣為蔭，主福壽、貴，是清高之星，能解厄制化。又為父母星。

☆有老大意味，為人心性耿直、開朗、不走極端、聰明不自私，喜歡照顧他人，凡事為別人著想，做事穩重，自律很深，不易迷失方向，相貌厚重清秀。

☆天梁星亦稱中康星，與醫術有關，又是父母、長輩之星，本性上本來就喜歡照顧他人，所以適合走醫藥界，照顧他人。天梁星的貴是星性清高，**不喜名利權勢，不愛與人發生爭執**。無論外在環境如何紛繁複雜，他人如何爭權奪利，自己都能安於悠閒、清高的環境中，不為所動，不與人競爭。

☆天梁星和天同星、太陰星、天機星共同組成「機月同梁」格，是對事業較不具野心的格局，因此比較缺乏經商創業的本領，適合當上班族。對於任何事情都能秉公辦事，原則性強，耿直無私，心地善良，做好分內之事，因而得到福蔭，備受貴人相助，從而獲得成就，受人尊重。天梁星的個性相當正直，不太能忍受同流合污及違法的事情，適合從事司法、教育、文化或與慈善有關的社會福利、宗教傳教等工作。天梁星是斗數中較為特殊的一顆星，其特殊之處為**本身具有解災的能力**，但卻必須先遇到困難才能展現出其「遇難呈祥」的特質。不過，天梁星太過耿直的個性，**常會因此招惹小人或不必要的口舌是非**。

◎天梁星若會見太陽星時，喜歡文教或社會公益、服務性的行業。

◎天梁星性質特別，居命宮或身宮者，都主逢凶化吉，遇難呈祥，將災禍化解。

◎由於此星清高，不喜錢財，所以此種類型的人最忌自力經商，天梁星化權則適合往公職發展。

◎天梁化科則利於**學術研究或研習宗教命理，可為人師表，或為人排解困難，如心理輔導、算命師等。**

◎此星特喜吉星，同宮或者會照六吉星，遇困難較易化解；對六煞星雖有抵抗，也會使其倍增辛勞，忙於化解困難。若只有煞星會照，缺少吉星相助，則驚險從生，難於化解。

◎在大限流年，天梁星同度，會吉星祥星，主人福祿雙全，升官進爵，事業更上一層樓，健康長壽。

若同度祿存，注意小人陷害。

◎天梁星是父母星，逢化忌同宮或對沖時，要注意六親長輩的身體，直系血親恐有喪亡之兆。例如天梁星與天同星同宮，而逢天同星化忌時。

◎天梁星是慈善星，與宗教、廟宇有關，屬正派的宗教廟宇。

◎天梁化祿並不主財，主蔭，主解厄，主福壽。

◎天梁化祿，逢凶化吉，能言善道。但也會吹噓，易有糾紛，事業反不利。

◎天梁化祿入命宮、田宅、福德、疾厄，均主解厄，身體健康長壽。

◎天梁化祿入父母，主能得父母之蔭。

◎天梁化祿入田宅，主一生一定有屋蔭，能擁有屬於自己的房屋。

◎天梁化科，主父母健康長壽，相處融洽。

◎天梁化科，學術研究，說話有道理，人緣佳。

◎天梁化忌，乃蔭星化忌，主損六親之長輩，故不利入六親宮位。

◎天梁化忌入遷移沖命宮，主無六親之蔭，或父母早逝。

◎天梁化忌入命沖太陽星主無父蔭，沖太陰星主無母蔭。

◎天梁化忌飛出即損六親長輩，但以天梁屬陽星，故主損男性居多。

◎會照擎羊、陀羅、火星、鈴星、天刑時，主病災、獄災。

◎若會照空劫、大耗或天同、化忌星，則主大難來臨、傾家蕩產，被小人謀害。

◎天梁愛照顧人為孤獨星，六親緣易薄。

◎天梁老大作風，喜高級生活，受人敬重。

◎天梁加會左輔、右弼，生活經歷豐富，為善口碑佳；親朋好友相處融洽，事業有成，樂於助人。

◎天梁加會文昌、文曲，有文采學問，說話有道理，彬彬有禮，宜公職，文化事業，司法，監察。

◎天梁加會天魁、天鉞，結交有地位人士，有貴人相助，宜公職，文化事業。

◎天梁加會科、權、祿，企業內部管理人才。

◎天梁加會火星或鈴星錢財不聚，義氣用事。

◎大小限遇天梁星，主昇遷運不主財。

☆天梁星個性清高，一生與偏才較無緣，因此要謹記不宜投機高風險的事業。而**天梁星不喜歡逢迎巴結的個性**，也使其不容易建立起圓滑的人際關係。

☆優點：心性厚重而耿直善良，天賦統率能力與俠義精神，樂於助人且施恩不求回報又經常捐獻服務，思想超然能被臨危授命，對文史藝術有濃厚興趣。

☆缺點：過度熱心容易感情用事，樂於助人易使自己操心操勞而難得安閒，經常捐獻則易顯不擅處理金錢之失，臨危授命易使自己遭逢關卡。

十三、威勇之星：七殺星（*重情講義氣、做事果決*）

庚金，屬陰金，南斗第六星，化氣為殺，輔佐紫微與天府，出將入相，是紫微斗數中的大將星。上將之神，主孤剋，司生死，亦為將星。

☆象徵恐怖、黑暗、神奇，喜會紫微星能化殺為權，可以牽制它，為人聰明、能幹、有才華、個性急燥，喜怒容易形於外，好勝心強，不喜多言，有正義感，因此適合走軍警界。七殺星星性強烈，必主權威，智勇雙全，深謀遠慮，凡事皆有主見，決不盲從，因此，又有很強的獨立性、開創性和管理能力，事業心極強；同時，七殺敢於接受各種各樣的挑戰，具有錚錚鐵骨，不會棄主求榮，是一個典型的硬漢子。七殺星的事業企圖心很強，處世盡責，而內心其實進退有方，善謀略策劃。

☆七殺星是「殺、破、狼」格局中衝鋒陷陣的大將，擁有「將在外，君命有所不受」獨斷專橫的個性，也有獨立運籌帷幄的本領，所以有時不合群，有時甚至會得罪人，落落寡合，因此親近的朋友也很少；七殺喜諸吉星，能夠得到民眾的擁護與支援，在國為大將之才，在商為領袖人物。女性因事業心強，也比較不會表達愛意，在感情路上易孤芳自賞。

◎七殺星入命宮，少年坎坷不順，多辛勞，奔波不定，有吃苦耐勞的本性。

◎七殺星入命，晚婚較好，早婚不吉，早婚要為對方付出很多，反使本身勞碌奔波。

◎七殺星是血光星，不利於疾厄宮會見羊刃星或陀羅星易有殘疾。

◎七殺星與天姚星同宮，宜多注意桃花糾紛。

◎入命宮或夫妻宮或福德宮，因桃花惹禍，尤其是女命，有婚姻不美之兆，或入風塵界。

◎七殺星入命宮，外表剛強，內心脆弱，是一顆動靜兼備之星，也是驛馬星

◎七殺星在寅、申、巳、亥宮守命，一生中驛馬動態很強，或離開家鄉，出外謀生發展。

◎七殺最喜與紫微、天府對拱，主有權力，有威望。

◎不喜文昌、文曲、龍池、鳳閣等星星，主流離飄蕩，居無定所。

◎七殺與紫微或廉貞同宮時，文昌、文曲則能增加其優勢。

◎七殺喜見化祿或祿存，可以除去其煞氣，化解其暴戾。

◎七殺星是武將，剛強而自信，所以不需化祿、化權及化科，故無四化星

◎不喜會化忌，削弱七殺的進取心和增加其勞苦。

◎七殺遇化祿，主有橫發之際遇。七殺化祿入田宅或命宮，必爆發成為富翁。

◎七殺遇化權，主增長權威，主創業。入命宮、遷移、官祿或財帛，主做事有魄力、有作為。

◎七殺化權入福德、疾厄，主無用武之地，多災多難。

◎七殺化權入父母沖疾厄為閒宮，主不務正業，遊手好閒。

◎七殺化權入田宅，主在家中霸道、佔權，亦主無財庫。

◎七殺化權亦主驛馬，多變遷、變動之際遇。

◎七殺遇化科，入財帛、官祿，宜從事文化事業之工作。

◎七殺遇化忌入父母沖疾厄，主不務正業，賦閒遊樂。

◎七殺化忌入福德、疾厄，主對身體有損耗，易受外傷。

◎七殺化忌入六親宮，主不利六親。入父母宮，亦主父母對我教導無方。

◎七殺在入廟時不怕煞星，即使遇見煞星，拼盡全力，有所成就。

◎七殺不喜擎羊、陀羅，尤其是在「長生」之地，增加其星性中的「剛」性而更為暴虐，行事霸道，剛愎自用，當七殺落陷時，則或因災禍死亡，或因疾病死亡，或是夭折。

◎七殺加會左輔、右弼，有實權之主管，有貴人助。

◎七殺加會文昌、文曲，文武兼備，但遇事猶豫不決。

◎七殺加會天魁、天鉞，有利事業發展成功

◎七殺加會科、權、祿，得財，企業管理人才。

◎七殺加會火星或鈴星錢財不聚，意氣用事。

◎七殺加會擎羊、陀羅，事業受阻。

◎七殺加會火星、鈴星、擎羊、陀羅、地空、地劫、化忌易生意外之災。

◎大小限遇七殺星主事業變動。

☆團隊合作中，學習去傾聽別人的想法，作好情緒管理，並不忘適時地自我推銷、藉由後天的努力，補足七殺星先天人和不足的缺憾，可為自己的人生創造出更多的機會。

☆優點：舉止大方而胸襟磊落，反應靈敏且智勇果斷，忠實誠懇樂於承擔重任，不畏困境挫折肯做個人犧牲，不拘小節俗禮，能耐勞苦孤獨。

☆缺點：個性衝動而缺乏耐性，率性而為又不計後果，喜歡發號施令卻又拙於分辨善惡，偶會獨斷專行，言語上易與人起衝突，時常標新立異以致生活忙碌。

十四、破壞之星：破軍星（個性情緒變化大、有開創力、慷慨有魄力）

癸水屬陰水，北斗第七星，化氣為耗，主禍福，司夫妻、子息、奴僕，為紫微身邊的戰將。

☆會紫微星，主有威權。在數為殺氣，又名耗星，亦是一顆孤剋星，性急速，私慾多，個性好強，不服輸，有報復之心態，也不善閒聊，說話容易得罪人，做事求真切實，不做則罷，要做則貫徹到底。具有凡事喜歡一馬當先，勇往直前，喜歡憑藉自己的毅力和勇氣來不斷接受各種各樣的挑戰等軍人性格，頗有主見和領導力，而這種創新又有「**先破後立**」的性質，處理事情時往往先擾亂局面，然後再按新的方式來解決問題，多有領導能力和一技之長；作為殺、破、狼的主角之一，變化性也為破軍最重要的性質，這種變化性，往往是幅度較大的，足以影

響人一生的變動，破軍星既聰明又有創意，對事業有強大的野心及企圖心，也具有研究精神，喜歡得到別人的掌聲及肯定。但在破軍星的內心深處也有矛盾的一面，心緒變化頗大，常缺乏安全感，喜歡變換居住環境或工作內容。因此也是極不穩定的，有時甚至是極端的。

◎破軍入命，做事先難後易，有大成或大敗之兆。

◎破軍星入命，喜居子、午位，主權貴，發達有成，但少運不佳，他宮多奔波勞心。

◎破軍在子、午、卯、酉宮，人緣佳，多應酬，最怕女命守命，與地劫星同宮，婚姻不佳，應多修心養性，否則易步入風塵。

◎破軍星入父母宮，不利父母，宜過房認義父母較佳，破軍星也是血光星，對本身而言，多外傷。

◎破軍星在財帛宮，如過路財神，財來財去，不善理財，對金錢控制力不夠，最好能把現金存入銀行或郵局，身邊少帶太多現金較好，免得受破軍耗星之影響而損財。

◎破軍星在夫妻宮、子女宮，容易有失的一面，即意味著留不住，耗損現象。

◎破軍星在奴僕宮，欲尋知音難，朋友格局不高，較無幫助。

◎破軍在官祿宮，事業多變動，起伏很大。

◎破軍在福德，勞心多，清靜少。

◎破軍化祿入命宮，宜經商賺錢。

◎破軍化祿入官祿、財帛，主靠勞力賺錢。

◎破軍化權，主有驛馬之象，入寅申巳亥四馬之地，其驛馬的作用更為明顯

◎破軍化權入遷移沖命宮，主一生多勞碌奔波。

◎破軍化忌入官祿沖夫妻，主夫妻不合，對配偶不利，無法白頭偕老。

◎破軍化忌入疾厄沖父母，因破軍不主長輩，故與父母無關，僅代表文書方面出問題。

◎破軍化忌入奴僕，主無得力助手，朋友、同事無法幫助。

◎破軍喜與天魁、天鉞、左輔、右弼等吉星同宮或會照，能增加氣勢和成，有管理氣魄，有貴人助，一生多良好機遇。

◎破軍喜與貪狼化祿或天相構成「財蔭夾印」，可消除破軍的頑劣、暴躁的性格。與紫微同度時，見吉星則有權威，有富貴，有勇有謀，事業有成，可立於不敗之地。破軍化權，主觀更強，若再與煞星同宮，則會成為蠻不講理之人；破軍星性強烈，變化性強，破軍星不在乎個人名氣，故無化科星。堅強的意志力也常讓破軍星將生死至之度外，故無化忌星。

◎破軍不喜見六煞及天哭、天虛，會阻礙其事業發展。

◎與擎羊、陀羅同宮則有殘疾。

◎與火星、鈴星同度則一生與六親緣薄，奔波勞碌，如果此時又有貪狼來會，反而會招致失敗。

◎破軍加會文昌、文曲，感情不定，錢財不聚。

◎破軍加會天魁、天鉞，機運多。

◎破軍化祿：多花費，變動，易有得力同事，子女，夫妻。

◎破軍加會科、權、祿，得財，可享幸福生活，企業管理人才。

◎破軍加會火星或鈴星錢財不聚，意氣用事。

◎破軍加會擎羊、陀羅，發展不大。

◎破軍加會火星、鈴星、擎羊、陀羅、地空、地劫，化忌，錢財易破，疾病，苦惱。

◎大小限遇破軍星主事業變動。

☆優點：勇於任事而不畏強權，領導力強且凡事自必躬親，善惡分明、為人有正義感，吃苦耐勞、不喜倚靠他人支助，生性豁達樂觀而不拘小節。

☆缺點：反抗心重常不滿於現狀，欠缺彈性容易先勤後惰，個性倔強、遇事每多辯駁、翻臉就六親不認，心思獨特、斷事易存偏見。

第三節　輔星的吉凶特性介紹

☆甲級星形成紫微斗數裡最具影響力

一、左輔

◎戊土，陽土，南斗助星，為六吉星之一，有很大的影響力；左輔屬土，為帝王的輔佐星，直接代表助力。主靈巧、隨和、慷慨。為廣祐之神，化氣為令，為人隨和、聰明、能幹、靈巧，有上進心，有雄心與抱負，唯與陀羅相會，難以實現，反成拖拖拉拉，又主風采斯文，重感情，對第一次付出的感情難以忘懷。左輔星與右弼星入命宮或遷移宮或夫妻宮，一生多貴人提拔。

☆優點：誠懇厚道而端靜莊重，正直肅穆又負責盡職，大公無私又喜於助人，不畏挫折、任勞任怨且能為他人犧牲奉獻。

☆缺點：個性剛毅、倔強容易固執己見，對人過份熱心則變得容易嘮叨，處世太過保守而欠缺圓融、通洽的精神。

二、右弼

◎癸水，為六吉星之一，有很大的影響力；屬陰水，為帝王的輔佐星，直接代表助力。主機智、專制、好施捨。由於右弼星是顆行制令的星星，所以較為專制且富機謀，又因為生來就適合做領導人，所以個性通常也會比較外向。

☆優點：心地善良顯露出清純可人的氣質，生性樂觀而豁達，勇於承擔要事、負起責任，胸懷寬大具有服務熱誠，吃苦耐勞又不畏艱難。

☆缺點：強大的責任感易使自己過份操心，個性急噪、好勝心強易使思緒不寧，主觀意識過於強烈，偶會因過度嘮叨而招惹是非。

三、文昌

◎辛金，南北斗，司科甲，文昌代表文學，為文魁之首。

◎在命宮，儀表不凡，男的俊、女的美，舉手頭足都帶有書卷氣息，給人好的印象。

◎才華洋溢，學術專精，會太陽、天梁、祿存，財官雙美，福壽雙全。

◎遇擎羊、火星，宜多學才藝。大小限遇文昌星宜學習新事物。

◎文昌星與文曲星夾命比照命為佳，主貴格，為人多學多能。

◎文昌星與文曲星入福德宮或夾福德主喜好詩書，一生多貴人，但需防感情問題，因貴人多，反使桃花增多。文昌星與文曲星、廉貞星、七殺星、陀羅星同照命或入命者，虛偽不誠之人。

☆優點：溫文而灑脫，求知慾強且理解力高，樂愛學習且觸類旁通，能言善道、樂觀豁達……皆其優點。

☆缺點：聰明自視易使虛榮心重，理想過高導致屢經挫敗，心神敏銳反而易受外在環境影響。

四、文曲

◎癸水，陰水，北斗第四星，化為「科甲」，司文為舌辯之士。為才藝之星，較為非正統的文事屬之。如藝術、哲學、說唱。

在身、命宮、與太陰同行，可做九流術士。宜防桃花酒色，逢凶星時巧辯之徒。

◎文昌星與文曲星逢破軍星入六親宮時，主刑剋多勞碌。

◎文昌星與文曲星在官祿宮時，主其人工作輕鬆順利。

◎文曲星化忌，不可賭博，注意口舌是非之爭。大小限遇文曲星宜學習新事物。

☆優點：生性善良且活潑親切，勤奮積極、學習力強，反應機敏而能言善道，多才多藝且能手腦並用！

☆缺點：多才多藝使表現慾望強，能說善辯容易事非較多，本性善良卻自尊心重，情感細膩易有感情困擾，意志力薄弱容易脫離現實。

五、天魁

◎丙火、陽火為六吉星之一，有很大的影響力，司才名之星，白天生者主貴。天魁星又名天乙貴人。

天魁星與天鉞星在紫微斗數裡面，都是貴人星，化為「男貴人」，所以是一顆「陽貴之星」。

☆優點：秉性正直而心地善良，廣結善緣並樂於助人，聰敏機智且喜於學習新知，積極上進而求知欲強，儀容秀麗、人緣極佳。

☆缺點：思慮過度易適得其反，聰明過人卻自視甚高，天性單純易中小人計，能力高超而易招忌妒，愛做不切實際的白日夢。

六、天鉞

◎丁火，為六吉星之一，有很大的影響力；屬陰火，司才名之星，為南斗助星，天鉞星又名玉堂貴人。

化為「女貴人」，容易得到女性貴人的提拔和賞識，所以是顆「陰貴之星」。

☆優點：急公好義特喜樂施援手，端麗秀氣且富有慈悲之懷，自重自愛而上進心強，聰慧靈敏且求知慾重。

☆缺點：聰明過人容易自負任性，個性親和易顯魄力不足，耳軟心寬易經常吃虧且過度操心，長相清秀而易犯桃花。

六煞星：（直接影響力）

一、擎羊

◎庚金，陽金為六煞星之一，有很大的影響力，乃北斗助星，化氣曰刑，主刑傷。

◎個性暴躁剛烈，處事積極，果決有威權，智勇兼備，開創力強，不畏艱險，有正義感，講求效力，毅力堅強，叛逆心強，敢作敢當，較容易一意孤行。

◎判斷事情具有果斷力，在身、命宮，宜防破相。入廟主權貴。

☆優點：智勇雙全能察人所不覺處，靈敏機巧且學習力強，有事業心並勇於開創新事物，敢作敢當。

☆缺點：性情急躁又個性倔強，城府較深且計謀多，愛與人強爭豪奪所以易受傷害，忍耐力不足因而常遭挫折。

二、陀羅

◎辛金，陰金為六煞星之一，有很大的影響力，乃北斗助星，化氣為忌，主易惹是非。

◎個性固執偏激，猶豫不決，剛強好勝，陰沈多計謀，生性懶惰，處事拖拖拉拉不乾脆，不容易接受他人的意見。陀羅遇紫微、天府、文昌，最宜武職，財官雙美。

☆優點：遇到事情能沉著應對，思緒縝密而領悟力強，吃苦耐勞且能容人所不能忍之事，隨遇而安、不喜和人計較與比較。

☆缺點：個性激進、思想容易偏激，抵抗力弱、身體容易敏感，喜歡幻想常使正事延宕，忍耐力強卻使自己容易受到傷害。

三、火星

◎丙火，陽火為六煞星之一，有很大的影響力，南斗助星，火星與鈴星是一組類似的星曜，為殺神，主性剛。

◎個性剛烈急躁，不願服輸，獨立性強，處事果斷，有幽默感，有旺盛的毅力與勇氣為自己的理想而努力，其鬥志常超乎常人。火星與貪狼會與廟旺之地，主橫發。

☆優點：果敢剛強而不畏水火，獨立性強能掌威權，身先士卒有當機立斷的本領，重義名理、事必躬親，喜學技藝，有幽默感。

☆缺點：個性急躁而容易衝動，缺乏耐心且不易靜守，好勝心強因此容易與人不和，不喜服輸所以可能在暗地裡使詐。

四、鈴星

◎丁火，陰火為六煞星之一，有很大的影響力，南斗助星，主性剛、固執。鈴星與火星是一組類似的星曜。加會紫微、天府、左輔、右弼，非貴即富。

☆優點：果敢機巧而獨立性強，是非分明且負責盡職，英勇具膽色、不畏水火，喜歡開玩笑卻很有服務精神，更愛學習種種才藝。

☆缺點：能自立卻個性倔強，做事欠缺耐心常遇傷災，個性急躁容易激動，不容易低頭常使自己苦無台階下。

五、地空（天空）

◎丁火，陰火為六煞星之一，有很大的影響力；乃天上空亡之神。主空亡，多災。

◎地空星與地劫星在紫微斗數裡面，是一組類似的星曜，地空星
　的特性，比起地劫星要來的小。

　聰明反應快，性格多變興趣廣泛，思想觀點較獨特，沉默寡言
　或不善言詞，腦筋好，善於思考，學習力強，企圖心旺，對數
　理或艱澀方面之研究較有興趣，喜學習新事務或變換工作，常
　不按牌理出牌，令人受不了，但也懶得解釋，有研究心，具宗
　教緣。其性是做事空無所有，成事不足敗事有餘，無法聚財。
　女命若坐命宮只有地空星，只能當小老婆或奴婢。

☆優點：重義氣而輕財利，心慈手軟和宗教頗具緣分，學有專長、
　　　　喜好研究，企圖心旺盛且不畏挫折。

☆缺點：性情倔強而不喜受拘束，率性而為、思想不易被人理解，
　　　　感性善良而容易破財，思緒獨特而容易孤僻。

六、地劫

◎丙火，陽火為六煞星之一，有很大的影響力；乃天上劫殺之神，
　主劫殺，破失。

◎主觀強，聰明反應快，思想觀點較獨特，沉默寡言或不善言詞，
　腦筋好，善於思考，學習力強，企圖心旺，但耐心不足，喜新
　厭舊，思想狂妄，做事衝動，必須與挫折失敗後才能記起教訓，
　在感情及錢財方面容易有所失落。身、命宮遇之，主人作事狂
　傲，不走正道。大小限遇地劫星，宜防破財。

☆優點：天性善良且具有慈悲心，刻苦自持而獨立性強，勝不驕
　　　　傲、敗不氣餒又不畏強權，喜歡學習、感知力超強。

☆缺點：耐性不足而容易衝動，主觀意識重而常招惹是非，喜新
　　　　厭舊造成無謂浪費，追求新穎、不易守財。

四化星（命運之手）

一、化忌

◎壬水，陽水是甲級星，影響力最大。主忌妒、悔咎。為多管之星。化忌星在四化星裡面，是麻煩最多的一個化星，直接代表阻礙、停滯、不順利、阻擋、事倍功半。作用相當於八字之「殺」。

◎與七殺、破軍、貪狼、廉貞同宮，防意外之災。

◎化忌星，破壞性強。巧遇吉星，可減凶性，但要入廟旺。

◎守身命，一生不順，招是惹非。小限逢之，一年不足，大限逢之，十年悔吝，二限太歲交臨，斷然蹭蹬。文人不耐久，武人縱有官災，口舌不妨。」此段文字開頭就點明了這顆星的特色——「為多管之神」，所以有它坐命的人，個性通常都較率直，有些囉唆、愛管閒事，因此也引發了困頓不順的際遇，甚至容易招惹是非、做事難稱心如意，就算發達也不持久。

二、化科

◎壬水，陽水是甲級星，掌文墨，主名聲，影響力最大。化科星在四化星裡面，是優點較多的一個化星，直接代表好名聲、好看、有知名度、表現好的一面。作用相當於八字之「印」。

◎化科喜逢天魁、天鉞，可考場如意。

◎「守於身命，主人聰明通達」；當化科星與化祿、化權兩星相逢，其力更甚，可居高位而為達官顯貴；如不幸遭遇惡星，雖才名不顯，也以是文辭通順的文章秀士！倘若遇上文昌星，其才更可作為群英的模範。

三、化權

◎甲木，陽木是甲級星，影響力最大。掌生殺，主權勢。化權星
　在四化星裡面，是優點較多的一個化星，直接代表穩定、堅定、
　掌握事物、權勢。作用相當於八字之「官」。

◎最忌遇羊、陀、火、鈴、空、劫等凶星，則有因小人降職，破
　財，官司訴訟不停。

◎這顆化權星最喜和同性質的星相會，如巨門、武曲，如此能讓
　權力加乘；假若與另兩顆化星交會，定能服公職且做高官，因
　而謂其「喜會巨門、武曲」、「化科、化祿相逢，出將入相」。

四、化祿

◎己土，陰土是甲級星，影響力最大。掌福德，主財祿。化祿星
　在四化星裡面，是最好的一顆化星，直接代表順利、吉祥、豐
　收、好運。作用相當於八字之「財鎮街」。

◎化祿星逢凶星沖破，吉轉凶，有好面子，虛有其表之現象。

◎化祿星代表了財祿、食祿以及福祿，若再遇上其它的財星那可
　就是財上加財，因此說「喜見祿存」；倘若化祿和化科、化權
　同在命宮或官祿宮，意指在事業上必居要職；另外，若大、小
　限化祿落在命宮或官祿宮，那更是格外加分、讓人走路有風
　呢！故曰「內外威風，錦上添花」。

其他甲級星

一、天馬星

　　月馬星以月份安宮位，是乙級星、天馬是以年安宮位是甲級星，
派系不同。

◎丙火，陽火，為司祿之星，有助於名利，代表祿與遷動。主財馬，主驛馬。是一顆吉星。

◎天馬星最喜坐夫妻宮，尤喜坐在男命的夫妻宮，容易在生活上、事業上，經濟上得到妻子的幫助。天馬星，最喜與祿存星同宮，就是所謂的「祿馬交馳」，天馬的好動，可帶動祿存星，充分發揮祿存星的優勢。天馬只要在不適當的宮位遇上不應該見的星系時，都會成為助虐的凶星。

二、祿存星

◎己土，陰土，又叫天祿星，北斗星曜第三星。化爵祿，司貴壽，可解厄。

◎祿存星是財主星，宜入命宮或財帛宮，主有財。祿存星入田宅宮，主創業。

◎祿存星入父母宮有壽，晚年有財，父母親多為勞碌者。如獨守命宮而無吉星，易成守財奴。

◎祿存星不宜入六親宮，主較無緣，易有爭執。如與火鈴、空劫沖照，可學才藝謀生。

◎祿存星入疾厄宮，主少年身體虛弱多災。祿存遇化祿，主財由何處來。祿存遇化忌，主財向何處去。

◎如與天馬星同宮，有名利雙收的現象。

乙級星 （影響力比甲級星小）「除了甲級主星外較不具影響力的乙、丙、丁級星」。

一、台輔星

◎戊土，陽土，台輔星為乙級星，力量比甲級星小；功能類似左輔星，代表助力，為台閣之星，主貴，主增加聲望與榮譽。台

輔星在命宮，代表有領導能力、遇事能應付、處事圓融、人緣好。

◎與天魁、天鉞星同宮時，如果想考試或升遷，可以積極努力或主動表現。

◎大小限遇台輔加會吉星生活安樂。

◎台輔星能增強甲級星的耐力，並可增添其光輝，有利於追求較高的職位。

二、封誥星

◎己土，陰土、主顯貴，司封章。於考試有利或升等考試。

◎入命宮，人聰明，好藝術，為人踏實，社會評價高。

◎大小限遇封誥加會吉星生活安定。

☆封誥星可以使甲級星保持穩定，若甲級星本身影響力強，則有利於科名；若要再白話點，就是說封誥星是獲封賜爵的一顆星，有錦上添花之意，利於考試、公職，以及增加知名度喔。

三、天刑星

◎丙火，陽火，主孤剋、刑夭。和意外血光。入廟，掌兵刑。遇太陽，主武貴。

◎入身、命宮，主人性剛無毒，要宗教修行，提防孤刑或父母兄弟不全。

◎大小限遇天刑加會白虎、火星、鈴星易有官司，加會吉星有威望。

☆有天刑星坐命的人大多威武不屈、獨立自主、有才幹，只不過個性較孤傲寡合，因此思想觀念上都和常人迥異，所以說「主孤剋、父母兄弟不得全」；此外，天刑星坐命還有一個特色，

就是喜歡算命或自行研究命理……大體看上去，天刑星還不算
很凶惡的星星，除了大限、小限同時碰到會比較不好。

四、天姚星

◎癸水，陰水，主風流，偏桃花。和人緣，主多才多藝和異性緣
佳。化氣為破耗的天姚星，主風流、桃花，若坐命宮，生性多
疑，但貌美；然而卻不甘寂寞，且思想早熟、感情豐富又多才
多藝，此外，別有自己的風格，由服飾裝扮便可看出此特色。
假使入廟則為風雅，不僅多才藝、更受異性青睞；若居亥宮，
不只有財更有學識；若遇惡星則恐會傾家蕩產，且須防仙人
跳。倘若大、小限或流年遭逢天姚星則適合結婚。在財帛宮，
防花酒賭博破財。

五、解神星

◎主能解災禍，逢凶化吉，主增加考試科名與升官富貴。
◎大小限遇解神，逢凶化吉。
◎不論是凶險或煩惱，若有解神星就能化解或避免，而可解凶惡
的它，最喜歡與龍池、鳳閣同宮或夾輔，也喜歡與天府、天相
同宮，因為這樣能讓化災解厄的力量增強許多，且能抵禦陰煞
星的小人作祟。此外，解神星尚能反映人性靈動的一面，例如，
有些人第六感很強，就是因為「解神星」的關係。

六、天巫星

◎主有宗教緣，好推理事物。驛馬星，主升遷之塑，一般工作的
升遷表現。
◎大小限遇天巫加會吉星名聲佳，受人重視。

◎天巫星是一顆吉星，會煞星則無用，且本身無抵抗凶煞的能力。

七、天月星

◎主疾病，或心情煩悶。多病或一生有慢性病或宿疾纏身。

八、陰煞星

◎主是非小人之災的厄運，或是無形陰煞的干擾沖煞。
◎大小限遇陰煞受人拖累或事事受阻。

九、三台星

◎戊土，陽土，主社會地位，司權貴。為太陽之輔星。
◎能增加考試的吉運，但是對於感情不利，易有三角關係產生。
　（參考八座之解釋）

十、八座星

◎己土，陰土，主社會地位，司權貴。為太陰之輔星。
◎能增加升官事業的發展，能得獎、受勳、增加知名度等吉運。
◎三台、八座，乃紫微之輔佐，主北斗之權，掌清貴之宿，主文
　章仕進，吉慶之事。
◎三台、八座在夫妻宮，主生離剋害。
◎大小限遇八座加會吉星多旅遊機會。

十一、恩光星

◎丙火，陽火，主貴人，能增加命宮、事業宮的貴人吉運，能得
　長官、主管召見來幫助。

◎恩光星是屬於天魁星的輔佐。

◎大小限逢之，吉祥如意。

十二、天貴星

◎戊土，陽土，主得貴、科名能增加考試和事業的吉運。

◎天貴星為天鉞星的輔佐。

◎大小限遇天貴加會吉星名聲佳，受人重視。

十三、天官星

◎戊土，陽土，主官貴，顯達大貴。主升遷。

◎和天梁同宮最好，能增加升官事業的發展，利於競賽等活動。

◎最喜加會化權、化科、化祿，最怕凶星沖破。

◎大小限逢之有升遷之喜，一般人也吉祥。

十四、天福星

◎戊土，陽土，主福祿，能增加吉星力量，主福氣、財祿、壽命健康。

◎入身、命宮，長壽高貴。男人早婚早得子。女人貌美。

◎逢凶星沖破福氣受損。

◎天福入廟，吉祥，父母兄弟融洽，夫妻百年好合。

十五、天廚星　＊派系不同

◎主廚藝、主飲食、廚藝烹飪方面的才華有其獨到的表現。

十六、天空星　＊派系不同

◎丁火，陰火，乃天上空亡之神，主多災。

十七、天哭星

◎庚金，陽金，主憂傷，刑剋，易有傷心落淚事，主親友家人易有喪事、病厄發生。

◎大小限遇天哭加會吉星有權威，加會煞星破財，思想消極。

十八、天虛星

◎己土，陰土，主失望，空亡，願望、理想不易達成，事與願違。

◎大小限遇天虛加會吉星生活安樂，加會煞星破財消災。

十九、龍池星

◎壬水，陽水，乃天上文明之宿，主科名。

◎兩顆主貴的文星，左輔、右弼、文昌、文曲同宮，功名科考更是喜上加喜。

◎龍池對數術（山、醫、命、卜、相）有興趣。

◎受人尊敬，名聲高。大小限遇龍池有昇遷機會。

◎逢凶星沖破，主患耳鳴，耳炎病。

二十、鳳閣星

◎戊土，陽土，乃天上文明之宿，主科甲。

◎鳳閣對數術（山、醫、命、卜、相）有興趣，重視穿著。多桃花，異性緣佳。

◎龍池、鳳閣最喜同宮或加會，如能加會，主金榜題名。

◎大小限遇鳳閣有昇遷機會。

二一、紅鸞星

◎癸水，陰水，**主男女感情，婚姻喜慶**，為正桃花。
◎大小限、流年逢到易有婚姻喜事。在夫妻宮，配偶佳美。

二二、天喜星

◎壬水，陽水，主人緣，婚姻喜慶。為正桃花。男命相貌俊俏、
女命容顏秀麗、討人喜愛。
◎以流年的命宮、夫妻宮、福德宮有紅鸞、天喜。流年的化祿、
化權、化科星同宮。最容易來成家表示「紅鸞喜星」動。

二三、孤辰星

◎丙火，陽火，主孤獨，忌入六親宮、妻宮。父母宮，防六親
不和。

二四、寡宿星

◎丁火，陰火，主寡、孤獨，忌入夫妻宮、命宮。容易不婚或婚
姻不美滿，最好晚婚。

二五、裴廉星

◎屬火，主孤、剋害，小人，帶有桃花和口舌，容易有是非口舌
之災。逢吉星可解凶象。

二六、破碎星

◎屬陰火，主破財，主損耗不全。關於財富的投資損失，或是錢財的意外支出。

◎破碎最忌入兄弟、夫妻、子女、疾厄宮。

二七、華蓋星

◎主孤高，主技術、才藝、手藝方面的才能表現，也有出世和孤芳自賞的孤僻性情。

二八、天德星

◎主貴人能逢凶化吉和增加吉星的影響力，尤其是對桃花星的制化力更加明顯。

二九、天才星

◎乙木，陰木，為智慧、才藝之星，天才為人較聰明有才華，富正義感。

◎與吉星同宮，才可發揮，才能得到名稱。被凶星沖破宜防懷才不遇。

三十、天壽星

◎戊土，陽土，主壽命，即壽星，長壽。喜入身宮、命宮、福德宮。

★不可單獨來論述吉凶。（諸書認為這是丙級星，但我認為是甲級星很重要）

⊙截空星　凶　主空虛，不可預期的困難障礙。

⊙旬空　　凶　主空亡、災害、破耗、阻礙，空虛。

⊙天傷星　凶　主災禍、破耗。對於年老者較不適合，有意外傷
　　　　　　　　害和情色桃花糾紛的產生。

⊙天使星　凶　主災禍、破耗。代表對老運不好。

⊙長生　　吉　主發生、開始產生的一種氣勢，在各宮皆吉。

⊙沐浴　　凶　主桃花星之一，重視情慾享受、氣氛、情趣。在
　　　　　　　　命宮，異性緣佳。

⊙冠帶　　吉　主喜慶、喜事，在各宮皆吉。

⊙臨官　　吉　主喜慶、喜事，對事業升遷有幫助，在各宮皆吉。

⊙帝旺　　吉　主氣旺、強勢、積極，和身體強壯、健康很好，
　　　　　　　　在各宮皆吉。

⊙衰　　　凶　主衰：氣勢已見衰退，不積極、頹廢、懶散，逢
　　　　　　　　吉星可解。

⊙病　　　凶　主身體衰弱、慢性病，逢吉星可解。

⊙死　　　凶　代表沒朝氣、消極，並不是表示「死亡」的凶意，
　　　　　　　　喜吉星化解。

⊙墓　　　凶　主暗藏、收藏，表示一種暗中醞釀的力量，喜入
　　　　　　　　財帛宮、事業宮。

⊙絕　　　凶　主絕滅。孤獨、不合群、偏執，忌入命宮、身宮、
　　　　　　　　子女宮。

⊙胎　　　吉　主喜氣、溫和的、好的轉變，喜臨夫妻宮、子女宮。

⊙養　　　吉　主福、希望、養育和潛力，在各宮皆吉。

⊙博士　　吉　主聰敏才能、喜好文藝、有思想涵養。聰明有智慧。

⊙力士　　吉　主權勢，掌晉升與化權星同宮力量會更大，力士
　　　　　　　　在命宮會帶給你權與勢。

⊙青龍　　吉　主有喜事，喜氣進財、流年逢之喜事臨門。

⊙小耗　　凶　主耗財、小損失。破財的凶運。

⊙將軍　　吉　主威風、重視外在面子。

⊙奏書　　吉　主文筆、文書、寫作、論文、報告等優點特色。
⊙飛廉　　凶　主口舌、是非、小人、謠言的災厄。在命宮飛廉
　　　　　　　代表孤獨。
⊙喜神　　吉　主吉慶喜事，力量比天喜小，而且沒有人緣桃花。
⊙病符　　凶　主災病、沖煞，或是意外傷害。
⊙大耗　　凶　主破財凶星煞，投資、情色而損失錢財，有失業、
　　　　　　　負債危機。
⊙伏兵　　凶　主心性多疑，性質類似於陀羅，凶性較小也代表
　　　　　　　拖延、固執之意。
⊙官府　　凶　主訴訟、是非、與人爭執等凶運。

★流年歲前諸星丁、戊級星的力量均需配合主星，不可單獨來論
　述吉凶。

◎歲建　　吉　主一年吉凶運勢，此星不論吉凶，以和和星宿同宮
　　　　　　　來論。
◎晦氣　　凶　主事事不順、氣運不暢多阻礙。
◎喪門　　凶　主憂傷、煩惱，不是指家中會有喪事。自己或至親
　　　　　　　的健康容易發生問題。
◎貫索　　凶　主束縛、限制，主要遇到環境上的困住厄運。
◎官符　　凶　主訴訟、是非、與人爭執等凶運。若在丑宮和未宮
　　　　　　　則吉。
◎小耗　　凶　主耗財、破財的凶運。容易浪費花錢；但是若在寅、
　　　　　　　午、戌、申、子、辰宮就是吉星。
◎大耗　　凶　主破財凶星煞，投資而損失錢財，然而，若在寅、
　　　　　　　午、戌、申、子、辰宮就沒有關係。
◎龍德　　吉　主有逢凶化吉的喜事。

◎白虎　凶　主意外凶事，突然發生的傷害、血光災厄。若在卯宮和酉宮則吉。

◎天德　吉　主貴人和福報，可以增加吉星的影響力。

◎弔客　凶　主弔喪或不順之凶運。至親或身旁的人易遭到麻煩的事情；但若在辰宮和戌宮的話就是吉。

◎病符　凶　主有小病災厄。容易有健康上的問題。

◎將星　吉　主武將、貴氣，有利於武職事業。具有征壓凶星變成吉星的作用。

◎攀鞍　吉　主功名發達，攀附權貴可以更上一層樓。即使遭遇凶星也不恐懼。

◎歲驛　凶　主變動、奔波，為流年的天馬星。若碰到此星，就是遭遇凶星也不恐懼。

◎息神　凶　主沈默寡言，對生活無生氣動力，無法發揮自己的實力。可說愈來愈窮窘的傾向很強。

◎華蓋　吉　主才藝、手藝，性情孤僻略高傲，與親人緣薄。

◎劫煞　凶　主破財和工作上的衝突是非。容易丟掉東西或遭竊等財物的損失。

◎災煞　凶　主破財和受到小人的中傷迫害。易發生意料之外的事情。

◎天煞　凶　主剋夫剋父。主天降災厄，易發生意料不到的糾紛。

◎指背　凶　主誹謗、不實指責，是非小人的凶運。

◎咸池　凶　主桃花，桃花星之一男女感情煩惱、波折較多。男女均容易為異性所苦惱，也會有糾紛。

◎月煞　凶　主剋母剋妻。主暗夜災厄，或是發生於夜晚的酒色災厄。易與他人發生口角。

◎亡神　凶　主破財耗敗。多有浪費，錢財往外流。

◎流祿　　主本流年能進財，遇難可解厄。

◎流羊　　主本流年應防刑傷剋敗。

◎流陀　主本流年應防刑傷剋敗。

◎流魁　主本流年能得機會，遇貴人相助。

◎流鉞　主本流年能得機會，遇貴人相助。

◎流昌　主本流年利於考試、升遷。

◎流馬　主本流年有遷移、遠行之舉。

◎流鸞　主本流年有戀愛、婚姻或得子女之喜。

◎流喜　主本流年有戀愛、婚姻或得子女之喜。

第四節　命盤中命主與身主之解釋

一、命主（先天氣數）屬性

貪狼——追求物質享受愛恨不一的慾望。

巨門——杞人憂天而又愛發牢騷的是非。

祿存——慈心忠厚而又多才多藝的表現。

文曲——悠閒儒雅而又口才辯佞的粉飾。

廉貞——心直口快而又狂傲任性的狂妄。

武曲——面對現實而又身體力行的武勇。

破軍——動輒損人而又不顧後果的開創。

二、身主（後天氣數）屬性

火星——氣燥、橫發、乖咎。

天相——輔導、明亮、桃花。

天梁——理論、老大、蔽蔭。

天同——享福、天真、空洞。

文昌——科名、桃花、文筆。

天機——善變、主軸、隨順。

第五節　後天之身宮解悉

★命宮是先天本性，身宮為後天的行為。即使命宮不吉，而身宮
　吉祥，我會鼓勵後天努力，可以彌補先天的缺失，來改善命運。

◎「命」「身」同宮：個性固執、主觀較強、不易受人影響。
◎「夫妻」「身」同宮：婚姻配偶影響力大，重視家庭生活。
◎「財帛」「身」同宮：金錢物欲較重，經濟左右力大。
◎「事業」「身」同宮：事業心重，職業與工作影響命運。
◎「遷移」「身」同宮：常外出，常有職業與居住環境的變遷。
◎「福德」「身」同宮：易受祖德、修行、因果、精神、宗教影響。

拿出你的命盤對照查出，你的身宮宮位所在位置：

◎子、午時生（11:00~12:59　23:00~24:59）
　命身同宮；自我意識強、固執主觀、我行我素、為自己而活。
　人生課題：認識自己、學習提昇自己、修為自己、發揮小我力
　量幫助更多人。
◎丑、未時生（01:00~02:59　13:00~14:59）
　身在福德宮；重精神生活、求知慾旺盛、物質慾較弱、女命重
　視另一半的相處關係。
　人生課題：學習充實自己、修為身心靈、提昇自己能力幫助需
　要幫助者、學習儲蓄。
◎寅、申時生（03:00~04:59　15:00~16:59）
　身在官祿宮；事業心強、工作狂、重視聲名、追逐權利慾望、
　馳騁商場。
　人生課題：用心經營事業、學習第二專長、培養休閒運動（成
　功不必過勞死）、修為淡泊名利、積福積德。

◎卯、酉時生（05:00~06:59 17:00~18:59）

　　身在遷移宮；愛好自由喜歡旅遊、自願或非自願離家發展、喜歡在外結朋友拓展人脈。

　　人生課題：勇敢面對挑戰、學習時間管理、妥善安排自己生活、培養專長、修心修德。

◎辰、戌時生（07:00~08:59 19:00~20:59）

　　身在財帛宮；追逐於財富之間、物質觀強烈、數字遊戲中搏鬥、精神空虛。

　　人生課題：學習理財能力、修為淡泊名利、提昇精神層次、積福積德。

◎巳、亥時生（09:00~10:59 21:00~22:59）

　　身在夫妻宮；重視感情生活、羅曼蒂克、只愛美人不愛江山、活在童話中～王子與公主從此過著幸福快樂的日子。

　　人生課題：學習感情經營學、勇敢面對情變、修練身心靈、化小愛為大愛。

第六節　組合格局吉凶淺談

　　通常所有的萬物都有它們專屬的「基因」，人類也是有著屬於自己的基因組合，也有人將基因稱為 DNA，人類總共有二三對，而每一個人所排出來的紫微斗數，八字命盤，基本上就像是一張基因組合表一般，透過命盤裡的「星宿」排列組合，然後再由這一些組成格局來進一步判斷吉凶、好壞的變化！這就是不可思議的地方。而命盤裡面不難發現，就會有顯性的元素特性和隱性的元素兩種，這說明了一個人的「心性」、「觀念」等，不會是「單一」特性存在的，而會有多樣性的表現，只是有一個主要的觀念行為較明顯、強烈，而其餘的特性就被掩蓋住了！所以才會有某些人平時都很善

良、溫和、乖巧，可是有天卻發現會對女孩性侵害的「**華岡之狼**」竟然是他！當然也有些高知識份子也都會做奸放犯科等，這就說明了人的本身，其實早就已經潛藏著「**性慾望**」的基因元素，只是被掩蓋住成為隱性的行為，然後在某個特定的時間或環境的刺激下，而被激發誘引出來，才會做出令人訝異的行為舉動來。其實每一個人幾乎都有這樣的行為傾向，只是強弱不同吧了！這也是紫微斗數在判斷一個人，吉凶變化上的一個重要的邏輯概念。

　　所以在紫微斗數中，一些特定的星曜坐在特殊之宮位或遇到其他特定星曜的組合，會產生各種不同的「格局」。命盤裡排來排去，就這幾個格局，而這些格局都是統計出來的。當然也有人會想測雙方的八字是否相合，但測試的目的，不要迷信「天意」，而是要重新審視對方與自己，再好好調整自己的心態。既然要一個和自己吻合的情人，終老一生，永浴愛河，就要冷靜的思考分析，彼此是否真的適合，這才是最重要的。既然相愛的兩個人走到結婚的階段，就因為算命師的說不合，而硬生生的拆散；亂說什麼：天生孤剋，結婚一定會分手，家庭一定不幸福……這種說法在市場上也是常見的手法。這到底對人有何幫助呢？若沒有正確的命理態度及觀念，上述的說法會給人心中蒙上一層陰影，然後趁機詐財，實在缺德，太不應該。

　　愛情的世界裡，我們總期望另一半能多瞭解我們一點，但我們又多瞭解對方呢？有人說夫妻倆過日子就要像一雙筷子，誰也離不開誰，離開了就毫無價值與意義。不管是木頭、竹子、象牙、黃金製的，不分貧富貴賤，什麼酸甜苦辣，都能在一起品嘗，才是真正的福氣。一個人的好命和一個人的歹命結合在一起，剛好可以互補，夫妻之間都是要包容、相處的，你的好命，他可以分享；他的歹命，有你來分擔，這樣的生活下去，才能百年好合，離婚就會降低。所以八字顯示的姻緣是一種可能，不是必然。**好與不好，千萬別輕信**

命理老師的改運說，這些都是沒用的，這只會讓你賠了夫人又折兵，千萬別讓那些心術不正的神棍，趁機詐騙你的錢財。

第七節　星曜組合論斷

　　格局對於一個人的影響是很大，其影響並不亞於主星的作用。不過有時命盤中格局雖然存在，尚須配合宮位星象之吉凶指數來判斷。若宮位星象之吉凶指數是吉利的話，可使好的格局發揮效用，對於壞的格局也可產生逢凶化吉的作用。若宮位星象之吉凶指數是不吉的話，則好的格局不易發揮效用，但壞的格局的作用卻很容易顯現出來。注意吉格的作用可能是吉中帶凶，凶格有時也有凶中帶吉。

　　◎極向離明格：紫微在午宮坐命。紫微為北極，午宮屬離卦位，故名為極向離明。此為貴格。

　　◎君臣慶會格：命宮有紫微星，且於三方四正中有至少有左輔、右弼任何一星加會或同宮，或兩星於兩鄰宮相夾。紫微為君王，左右、魁鉞、昌曲諸星作臣子，故名為君臣慶會。此為貴格，且有助力之跡象。

　　◎紫府同宮格：安命在寅或申宮，紫微天府同宮。紫微、天府二帝同宮，貴氣重，但紫微性質為積極進取，天府性質為穩重保守，步調不一。故不能果斷下決策，延誤搶得先機的機會。

　　◎紫府朝垣格：紫微、天府於三方四正照命。為貴格，但也可成富。

　　◎巨機同宮格：巨門、天機二星在卯宮或酉宮坐命，且無化忌同宮。注意感情上的困擾，不利於愛情婚姻，要特別留意。

　　◎善蔭朝綱格：天機、天梁二星同時在辰或戌宮守命，為此格。所謂機梁善談兵。具幕後策劃分析能力，有巧思，口才佳。

◎機月同梁格：於三方四正中有天機、太陰、天同、天梁四星交會。所謂機月同梁做吏人。適合安身立命於公門，從事軍公教等職務。

◎日麗中天格：太陽在午宮坐命。太陽在午時為光芒最盛，釋放能量最高時。又稱金燦光輝格。本格生人帶貴氣。

◎日出扶桑格太陽在卯宮坐命。太陽在卯時為旭日東昇之象。又稱日照雷門格。本格生帶貴氣。

◎日月同宮格：命宮在丑或未，日月二星坐守。主晉升之跡象。

◎日月並明格：日月位於三方四正中，且太陽在巳、太陰在酉或太陽在辰、太陰在戌。為本格。此二種組合，日月光芒皆旺。太陽為丹墀，太陰為桂墀，故又稱丹墀桂墀格。主少年得志。

◎明珠出海格：本宮在未宮，無主星坐命，且太陽在卯宮、太陰在亥宮。此時日月於三方四正中照命。參加公職考試，可望金榜題名。在政界發展，則可飛黃騰達。

◎巨日同宮格：巨門太陽同時在寅或申宮坐命。為貴格。求名易於求利。若從政，官場上能飛黃騰達。或在社會成為知名人士。又稱官封三代格。

◎陽梁昌祿格：三方四正會齊了太陽、天梁、文昌、祿存四星。利於參加國家考試。

◎貪武同行格：命宮在丑或未，武曲貪狼二星坐守。大器晚成，少年運勢較不利，三十歲後漸能逐步發達。

◎將星得地格：武曲坐命在辰或戌宮。大器晚成，少年運勢較不利，三十歲後漸能逐步發達。

◎財祿夾馬格：天馬守命宮，而左右鄰宮有武曲與化祿來夾，或為武曲與祿存來夾。此格生人善於冒險投機，財富險中求，主富但不主貴。

◎廉貞文武格：廉貞坐命，官祿宮為武曲來會，三方四正再會文昌或文曲。個人可獲功績、名望。

◎財蔭夾印格：天相受化祿和天梁在左右鄰宮相夾。能得長輩幫
　助，取得財富或社會地位。

◎雄宿朝垣格：廉貞在申或寅宮守命。有能力，可任要職。

◎府相朝垣格：天府、天相於三方四正照命。可衣食無憂。若為
　官或做主管，則機運佳。

◎月朗天門格：太陰在亥宮守命，為本格。又名月落亥宮格。此
　格生人，因太陰主富，更利於得財，為富中帶貴。

◎月生滄海格：太陰、天同星在子宮坐命。此格局舉止清秀優雅，
　有學識，入社會時可得名聲與財富之跡象。

◎火鈴貪格：貪狼守命，遇火星、鈴星俱在命或三方會照。有突
　然發達，獲得橫財跡象。

◎火貪格：貪狼守命，遇火星在命或三方會照。有突然發達，獲
　得橫財跡象。

◎鈴貪格：貪狼守命，遇鈴星在命或三方會照。有突然發達，獲
　得橫財跡象。

◎爆發力火鈴貪格：〈火貪格〉鈴貪格。

◎三合火鈴貪格：貪狼守命，遇火星、鈴星俱在命或三方會照。
　有突然發達，獲得橫財跡象。

◎三合火貪格：貪狼守命，遇火星在命或三方會照。有突然發達，
　獲得橫財跡象。

◎三合鈴貪格：貪狼守命，遇鈴星在命或三方會照。有突然發達，
　獲得橫財跡象。爆發力：三合火鈴貪格〈三合火貪格〉三合鈴
　貪格。

◎石中隱玉格：巨門在子或午宮坐命。本格生人，有才能，但運
　勢屬於先苦後甘，無論從事何種行業，有早年辛苦，中晚年後
　發達的跡象。

◎祿馬配印：祿存、天馬、天相同宮守命。或為化祿、天馬、天
　相同宮守命。主奔波勞碌而招財。

◎祿馬交馳格：命宮或三方有祿存、天馬或為化祿、天馬。主奔波勞碌而招財。

◎壽星入廟格：天梁守命，入午宮。有壽，得名易於得利。

◎七殺朝斗格：七殺於子或午或寅或申宮守命。此格為貴格，但也可成富。但作風強勢，殺氣凜凜，攻擊力強。為達目的較不擇手段，可能損及旁人利益。

◎英星入廟格：破軍守命居子或午宮。有領導力，喜冒險犯難，具開創精神。

◎文桂文華格：文昌、文曲兩星在丑或未宮守命。聰明多藝。

◎文星拱命格：文昌、文曲兩星俱在三方四正中。聰明多藝。

◎紫府夾命格：命宮在寅或申宮，遇紫微與天府來夾。具貴氣。利於取得社會名聲或地位。

◎日月夾命格：命宮在丑或未宮，太陽與太陰在左右鄰宮相夾。有財運，利於事業發展。

◎左右夾命格：命宮在丑或未宮，左輔與右弼在左右鄰宮相夾。有貴人助之象。

◎昌曲夾命格：命宮在丑或未宮，文昌與文曲在左右鄰宮相夾。利於學術發展。

◎左右同宮格：命宮入丑或未宮，左輔右弼同宮，為本格。有助人，人助之象。

◎輔拱文星格：文昌、文曲在命宮，有輔弼兩星在三方四正拱照或左右鄰宮相夾。才思敏捷，有能力獨當一面。

◎雙祿交流格：祿存和化祿俱在三方四正中。有財源，在事業上有成富的機運。

◎三奇嘉會格：化祿、化權、化科俱在三方四正中。化祿、化權、化科三化曜合稱為三奇。

◎權祿巡逢格：化祿和化權俱在三方四正中。利於事業穩定發展經營。

◎科權祿夾格：化祿、化權、化科有二星在左右鄰宮夾命。能獲
　　得意外的好運及貴人相助。

◎甲第登科格：化科在命宮，化權在三方四正會照。聰明，有學
　　歷，入社會時飛黃騰達之跡象。

◎科名會祿格：化科在命宮，化祿在三方四正會照。才華卓越，
　　步入社會發展，可獲擢昇。

◎坐貴向貴格：如坐命天魁且逢或天鉞來加會，或坐命天鉞、且
　　逢天魁來加會。有貴人相助。

◎天乙拱命格：天魁、天鉞俱在三方四正中。有學識，有貴人相
　　助。天乙拱命格的條件比坐貴向貴格寬鬆。若是格局已符合坐
　　貴向貴格條件，則格局標明為坐貴向貴格。

◎火羊格：在三方四正中，四煞只有火星及擎羊，才入格。屬火
　　的火星遇屬金的擎羊，交互作用，成為火煉金的效應。吉為鍛
　　煉，凶為熬煎。

◎鈴陀格：在三方四正中，四煞只有鈴星及陀羅，才入格。屬火
　　的鈴星遇屬金的陀羅。交互作用，成為火煉金的效應，吉為磨
　　鍊，凶為熬煎。

◎擎羊入廟格：擎羊坐命於丑辰未戌，為本格。擎羊的作用本為
　　刑傷，位於四墓（丑辰未戌）之地，凶性則有所克制。而擎羊
　　的威權衝勁，適合從事軍警之類的武職工作。此為武貴之格。

◎馬頭帶劍格：擎羊坐命午宮，為本格。五行中，擎羊屬金，進
　　入屬火的午宮，有火煉金效應。從事武職或外交工作，反為助
　　力。離鄉背井出外發展，多為艱辛奔波，成敗起伏大。

◎極居卯酉格：紫微、貪狼同在卯或酉坐命。對於在感情、婚姻
　　生活會帶來不利影響。

◎巨機化酉格：巨門、天機同在酉宮坐命，有化忌同宮。性質為
　　奔波飄蕩。不利於感情、事業。

◎日月反背格：太陽在戌宮坐命，此時太陰在辰宮；或太陰在辰宮坐命，太陽在戌宮。取其日在戌時，月在辰時，兩星光芒皆弱不旺。勞碌命，求人不如勞己。無閒享清福。

◎梁馬飄蕩格：天梁在巳亥寅申宮坐命，與天馬同宮。天馬只會出現於四馬地（巳亥寅申）。此格表示勞而無獲之象。若顯現在感情生活上，對婚姻生活帶來不利影響。

◎貞殺同宮格：廉貞、七殺同在丑或未宮守命。此格人應注意法律方面的問題。

◎刑囚印格：廉貞、天相在子或午宮坐命有擎羊同宮。天相為印，廉貞為囚，擎羊化氣為刑。應注意法律訴訟問題。

◎巨逢四煞格：巨門守命，且在三方四正中，與羊陀火鈴四煞同時有會照或同宮關係。此格局應防意外之災或為不得已苦衷流落四方。

◎命無正曜格：命宮裡無任何十四顆主星坐命。無主星的發生機率為六分之一，並非是罕見的情況。個人特質不明顯，發展不具特定方向。

◎命裡逢空格：地劫、地空二星或其中之一星守命。有精神上孤獨，錢不易留住之跡象。

◎空劫夾命格：地劫、地空二星在左右鄰宮夾命。有精神上孤獨，錢不易留住之跡象。

◎文星遇夾格：文昌或文曲守命，遇空劫或火鈴或羊陀對星來夾。有懷才不遇跡象。

◎羊陀夾忌格：化忌坐命，擎羊、陀羅於兩鄰宮相夾。祿存在命宮，則必為羊陀所夾。若有化忌星同宮，羊陀凶性得以充分發揮。雖有祿存守命，亦不為美。

◎羊陀夾命格：擎羊、陀羅於左右鄰宮夾命。命盤上擎羊、陀羅必於左右鄰宮相夾祿存，祿存獨坐命宮，亦是守財奴，既使富有，一文不捨，與孤貧無異。

◎火鈴夾命格：火星、鈴星在左右鄰宮相夾命宮，即為此格。若為火鈴夾貪格情況，就不為火鈴夾命格。有此格局之人，潛在叛逆心強，敢於行事。但應防一時衝動，與人發生衝突，惹來災禍。

◎刑忌夾印格：天相受化忌和天梁於左右鄰宮相夾；或天相受化忌和擎羊於左右鄰宮相夾。

天梁可化氣為刑，有刑星的煞氣。化忌和天梁夾天相，稱為刑忌夾印格。擎羊帶有刑氣，化氣為刑。化忌和擎羊夾天相，也稱為刑忌夾印格。此格生人應注意刑傷、剋害、破敗、災厄。

◎馬落空亡：天馬遇地劫、地空同宮或三方沖照。奔波，空忙一場。

◎兩重華蓋：祿存、化祿同時坐命，遇地劫、地空同宮。祿存、化祿同時坐命，本為雙祿交流格。但若遇地空、地劫同宮，此時雙祿為被沖破情形，稱為兩重華蓋。華蓋表示有宗教緣分。皈依宗教，反可享主清福。但因雙祿被沖破，較不易累積錢財。

◎祿逢沖破：祿存或化祿坐命，在三方四正中，有被地劫、地空沖破。吉處藏凶之象。

◎泛水桃花：貪狼坐命在子宮。廉貞、貪狼坐命於亥宮，遇陀羅同宮。無論男女，多風流，感情債不斷。

◎風流綵杖：在寅宮，貪狼坐命，遇陀羅同宮。喜好賭博、喝酒。應防過度流連聲色場所，迷戀其中，無法自拔。

△星宿組合格局解說

◎【紫微七殺格】

＊紫微七殺格局大「就因為紫微星是帝王之星，代表比較尊貴、比較權威，具有大格局和專業性。而七殺星是很有執行力和魄力，很積極、要求標準很高、也代表謀略。

＊如果在遷移宮，一生變化會很大，適合遠離家鄉發展，女命會嫁到遠地。

＊如果在事業宮的話，也具有不喜墨守成規的特性，常常在換工作。

＊在夫妻宮，夫妻的感情，也是冷熱無常、起伏很大。

＊於兄弟宮，彼此常常意見很多，不時會折夥相處不來。

＊如果在奴隸宮或子女宮，會以下犯上。因為紫微星是帝王的星

＊紫微七殺格財運會突如其來，這是紫微、七殺格其中很明顯的一個特徵。

◎【紫微天相格】

＊紫微天相淺水困龍，很會挑剔，坐事業宮時，就會對職位一直不滿以自我為中心。

◎【紫微破軍格】

＊紫微破軍會有劇變，所以紫微、破軍星三方三會宮中必帶有『殺、破、狼』，破軍再會七殺、貪狼星，使三方形成殺、破、狼，如果再帶個「癸水、天干」，使星宿變成破軍化祿、貪狼化忌，那這樣的變化就很更明顯了。

◎【紫微貪狼格】

＊紫微貪狼桃花運很重。文藝才華好。搞投機很拿手。兩面性格，不宜跟他合夥，而且個性的獨裁是兩面性的，兩面性格的人，不是只有太陽、太陰星坐的命的人才具有，還有一種是紫微、貪狼的人。

◎【紫微天府格】

＊這種星容易孤獨、容易孤傲，會將紫微的貴氣、孤僻發揮到極致！就會造成智慧很高，可是性情很孤傲，不太喜歡跟人交往，在任何場所都覺得他很孤傲、很孤單，這種人六親都沒有依靠、姻緣也比較空虛，婚姻經常是有名無實，這是紫微、天府星在夫妻宮一般的涵義。

＊如果紫微、天府星三會到「劫、空」，思想會比較異常，想法和別人都不一樣，會有一些比較異於禮俗、驚天動地的事情。若有「祿、馬」等這些吉星三會到，這種格局若是在金融界、政界，會有富貴榮華，但這種富貴榮華有人說比較容易剋到六親，甚至剋妻剋夫。

◎【天機天梁格】

＊天機天梁吉星四化大師級人物，天機、天梁星同宮坐在「辰、戌」宮，這是很有名的一個格局，叫『善蔭朝綱』格，這個格局是屬於軍師、參謀、秘書長、企劃人才、思考型的人。這種格局的人除了有自己的一套專長，若有「劫、空」和其他的星宿，比較會偏向哲學、宗教、玄學、文學等興趣，很注重精神方面，對物質生活不太重視，如果有吉星四化，是一代宗師級的人物。此格的人滿善良的，但是對人生、對世界也有嫉世的傾向。

＊天機天梁思考周密，事業發展，如果你和『機梁』格的人合夥很不錯，他很正派這是適合當參謀長、秘書長那種格局，很少有老闆命。這個格局若是有吉星四化，便成大師級的人物。

◎【天機太陰格】

*天機太陰奇謀策士，天機、太陰星在「寅、申」宮，這是點子多、想法很怪異、很特別，通常很有創意、很浪漫。天機本來就是很有點子、投機的星宿，又再加上太陰是內在感情思想豐富的特色，果然就會產生更加複雜多變化的思想來了。天機太陰生性浪漫，在夫妻宮，因為浪漫傾向，可說是人見人愛。在田宅宮，有浪漫的住家。若男命有此格局得女緣，再會「昌、曲」桃花星，豔遇更多。天機太陰移民遠行。此格的人，通常是舞蹈家、藝術家，或其他方面有特殊才藝表現。此格與外出、移民方面很有關係。太陰屬水、水是漂泊，天機星又屬動，所以通常一生都容易飄來飄去。

◎【天機巨門格】

*天機巨門不婚居多，天機、巨門星同宮在「卯、酉」夫妻宮若有巨機落在酉宮，通常這種人姻緣不是很差、就是晚婚、或是不結婚。天機巨門創作人才，在卯宮天機木很旺，是很好的設計人才、規劃的人才，都是與巨門、天機的基本特色有關。設計或創作的工作，是巨門天機格很重要的特色。天機巨門不喜被拘束，機巨格尚有一個特點，即是早年坎坷中年才發達，靠口才文筆創意得名利，適合企劃創意，這種人也不喜歡被拘束。夫妻姻緣較不容易維持。

◎【巨門太陽格】

*巨門太陽政治有緣，巨門和太陽同宮在「寅、申」宮，這是屬於「機月同梁格」的暗格，就是三會宮中有「天機、太陰、天同和天梁星」叫機月同梁。「機月同梁」本來就只是一種主星

命局的形態，此格的人，喜歡講話、是非很多，這是巨門的基本特性，但如果有吉星來交會，本命格有大限又逢到，當然可以當選民意代表，是很不錯的政治命格。巨門太陽**異族外國人有緣**，巨陽格跟異族、國外機構很有緣分，巨陽格如果在夫妻宮，很有可能與外國情人通婚。

◎【太陽天梁格】

　＊陽梁昌祿會唸書考運好，太陽、天梁星同宮在卯宮，古人說是『日照雷門』，這個格局只是一個名詞，沒有特別涵義，必須還要有吉星四化，或其他祿存吉星同宮、會對條件，如此才算是『陽梁昌祿』。所謂陽梁昌祿，除了太陽、天梁星、文昌星，然後太陽化祿、或天梁化祿都可以，或是有祿存星進來，都算是陽梁昌祿。陽梁昌祿格考運很好應驗率很強，也是代表很會念書、很有智慧、頭腦很聰明。太陽天梁政界及科技天份，陽梁昌祿除了考運，在政界、政府機構很適合，但如果煞星多就容易有官訟是非驚險了。此格的人對科技很有天分，陽梁格在福德宮，喜歡智慧性的娛樂。陽梁女命有男子特色，太陽星坐女命，通常女人有男子氣概，個性很乾脆但和外表沒有關係，因為看起來也是很溫柔婉約的。

◎【太陽太陰格】

　＊太陽太陰雙重性格多反覆，太陽、太陰同宮在「丑、未」宮，一生雙重性格、性格多反覆、舉棋不定，多數從事知識性的工作，因為此格的人思考周密，不過性格因為多反覆，相處做事不是很靠得住。太陽太陰女命出俠女，女人有太陽太陰，有男人的作風，很爽快、很乾脆、而且很講義氣，屬女中豪傑類型，肯熱心幫助他人。此格的人主觀意識強烈，這種格局較難做判

斷，因為它的很多想法，到最後都會發生變化、不穩定，戲劇性的轉變很多，要看這種格局的吉凶轉變程度，主要從星宿的旺弱來判斷。太陽太陰宜固定工作，太陽太陰坐丑宮，丑宮比較適合女命，男命適合坐未宮，如此才能適得其所。此格的人最好有固定工作，如果自己到外面打拼，一生風浪起伏非常的大，反覆的事情非常的多，故有一固定工作比較恰當，可免去許多起伏波動。

◎【武曲貪狼格】

*武曲貪狼、大器晚成晚發型，武曲、貪狼星同宮坐在「丑、未」宮這是正格。分別坐在「辰、戌」對宮位是屬暗格，丑未叫正格也是晚發格，屬大器晚成型。因為貪狼屬木、武曲屬金，金會剋貪狼的木，因為互相剋制，因此較晚發跡發達，而且歷程較艱辛。武曲貪狼『鎮衛邊疆』，武貪格除了晚發，也代表權力、權勢。如果有吉星四化，武貪格也叫『鎮衛邊疆』非常適合從事軍警工作，可以有很好的發展空間。

◎【武曲天相格】

*武曲天相樂於助人的好幕僚，武曲、天相星同宮在「寅、申」宮，武相在寅、申宮做人很好屬於幕僚格，謹慎忠誠、敦厚剛毅、樂於助人，而且公私分明有正義感。

◎【武曲七殺格】

*武曲七殺叛逆且多病，武曲、七殺同宮在「卯、酉」宮，這種格局很特別，屬叛逆型、不信邪的、剛強果決。此格的人幼年大都體弱多病，而且以血液方面的毛病居多，包括心臟、血壓。

如果煞星多，甚至會有四肢受傷殘疾發生。武曲七殺如果在夫妻宮，也會有革命性的婚姻。標準的武殺格，許多是反體制的，有人是異議份子，或者黑道梟雄，性情剛烈，不容易屈服妥協。在財帛方面，行業都比較特別，很多黑道都是此格局。此格局的性格其實非常狠。武曲七殺『因財持刀』，如果一般普通人碰到這種格局，或者流年，再碰到忌煞星就不好了，像武曲化忌，或煞星進來，就很不好『因財持刀』，可能因為財產、財務糾紛，別人拿刀來找麻煩，這種格局是個凶煞格。

◎【武曲天府格】

＊武曲天府與財有緣，武曲屬金，天府星屬土，土生金相生，而且兩顆星都是財星，很多醫生都是這種格局的人，屬於正財類型，每天都很正常的賺到錢，最好的行業是醫師或金融業。在理財方面很厲害，所以也很容易造假帳，是個逃稅專家。此格是富格，兩者都是財星，財星相聚當然多金，而且是主管階級。但遇「劫、空」、及忌煞星，就會容易破產。

◎【武曲破軍格】

＊武曲破軍一生大起大落，武曲、破軍同宮或在「巳、亥」宮，這是很出名會動盪不安的一個格局。武曲屬金，破軍屬水，金生水如果在亥宮的話，水的飄盪不定特性會更明顯，所以運勢也會動盪不安，影響點主要是來自於破軍星屬水的星宿特性，往往被武曲星的金來生，來加強破軍的改變動力，多動盪、多變遷，一生歷盡風霜、忽然大起、忽然大落。因為動盪、變遷，如果坐在事業宮，是常換工作；在田宅宮，常搬家；在夫妻宮，婚姻多變，在財帛宮，當然是財來財去，難聚錢財。此種格局的人做事速戰速決、果斷性格，成敗皆在一夜之間的決定，所

以容易大成或大敗，適合到處走動變動的工作，坐辦公桌是不宜的。

◎【天同太陰格】

＊天同太陰落於子午宮差別大，天同、太陰同宮坐在「子、午」宮，但坐子宮與坐午宮的意義完全不同。天同、太陰兩星都屬水，子宮是屬水的宮位，兩星在這裡當然很柔和、很順暢。所以天同、太陰在「子宮」：一、代表安定。二、代表桃花，有異性緣。三、代表清高的職位、有人緣、有德望。總之就是代表「安定」。因為天同、太陰是水星，午宮是屬火的宮位，因此造成「水火交沖」，而會變成漂泊、動盪不安，一生的運勢可說是歷盡艱辛。所以若是在午宮一定要有一個星宿來扶持，天同、太陰才能站起來變成興旺的格局，這個格局是『馬頭帶箭』格。午宮在生肖上是屬馬、子宮是鼠，馬頭帶箭，就是同宮中要帶上一個羊刃星宿或是擎羊，這個羊刃叫「帶箭」。可是還要有「戊」干來扶助才能成格，如果是『馬頭帶箭』格，人生的變化就會非常的戲劇性，就是歷盡各種艱辛而苦盡甘來。

◎【廉貞貪狼格】

＊廉貞貪狼多離鄉背求情發展，廉貞、貪狼在巳宮或亥宮，這是一個飄蕩四方，出遠門到外面打天下的格局。廉貞貪狼追求新奇此種格局的人腦筋動的很快，因本身就是個飄盪求變化的命格，非常的喜新厭舊、也喜歡冒險投機。廉貞貪狼入風塵的誤解，過去有不少的風塵女郎是屬這種格局，此格的特色是『離鄉背景』出外打天下，比較不局於小節，另外還有一點是六親無助不會依靠父母家人的幫助，大都靠自己奮鬥、白手起家較多。

◎【廉貞破軍格】

＊廉貞破軍個性容易衝突，廉貞、破軍星同宮在「卯、酉」宮，
這個星宿的組合，五行的衝擊性比較大，廉貞星屬火、破軍星
是水，「水火不容」！若在卯宮還好，卯屬木、廉貞屬火，木
的宮位來生廉貞火，屬於正常所以性情會穩定很多。那在酉宮
的話，破軍星的力量就會很大，酉宮屬金、破軍屬水，金又來
生破軍水，所以我們看一個人，為什麼一直好像要改變環境、
不願繼續「吃人頭路」，這跟破軍星有很大的關係。首先要看
他有沒有化祿、化權？或者破軍星是不是旺？如果有此現象，
都可以說是有強烈『不安於室』的特性。此一格局的人，在家
中是待不住的。此格的人非常具有開創性，很多此格局的人會
走向政治、法律界，如果煞星很多是做獄卒警吏。總之，廉貞、
破軍星的組合，是比較帶煞氣的格局，遇「空、劫」，也是很
容易會被小人陷害。

第八節　專論四化星

△【四化星的四大變化方向：祿、權、科、忌】

　　一年共有四個季節變化，分別為「春」、「夏」、「秋」、「冬」四
季。而每年大家就都隨著四季運行、變化、流轉而成長、渡日。所
以在每年過年拿紅包之前一定都會先經歷春生、夏長、秋收、冬藏
等的過程，日復一日、年復一年，那四季的觀念便造就了四化的產
生。老天爺對每個人都是公平的，不管你是王孫貴族，還是平凡的
老百姓，都會遇到好運與壞運。如果懂得用正確的態度去面對，你
就能夠知命與創造自己的未來。而這四種化星引申為財富、權力、
名聲、麻煩。但是真正改變的不是這四個化星，而是被這四顆化星

所依附的主星，所以雖看似四化星隨著天干而有改變，但實際上它的位置不像那些小星一樣是死的，而是會隨著主星而有所變動，也因為四化星特殊的排列方式，而給了很多人想像與思考的空間。江湖一點訣，講破不值錢，也許這樣講還是很讓人不明白，那就將你們排好的紫微命盤，對照一下就可知道你們的吉凶如何。以生年天干論斷－甲乙丙丁戊己庚辛壬癸。例如：乙卯生，就找 乙干 來看看如何論命。

【甲干】

一、主偏財、投機行業。

二、眼疾、近視、血壓。

三、兒女私情，易有失戀現象，尤其在夫妻宮。太陽化忌則初戀不易結合，一生情困。

四、甲干在夫妻宮，易娶長女或嫁長子。

五、因太陽化忌，不利男命。

◎廉貞化祿：

＊利於考試、留學、官運，地位高升名氣揚。

＊宜任公職或公家機構作生意，有不勞而獲之財。

＊適宜從事電腦科技事業、貿易生意或漁業生意。

＊大限十年財祿充沛，官運通達，流年一年吉祥如意。

◎破軍化權：

＊個性剛強，用錢大方，財來財去，成就名聲佳。

＊在夫妻宮夫妻個性強，多爭執，不相讓。

＊在子女宮子女頑皮好動，不易屈服而霸道。

＊女命適合企業主管。

＊大限十年開創事業，激進有所成。流年一年如意。

◎武曲化科：

　＊有財與庫、及有貴人相助，逢災難能解厄。喜存私房錢或存
　　入銀行及郵局。

　＊適合在金融界上班，或從事文化事業方面（補習班）有利進財。

　＊大限十年順利，名氣遠播，貴人相助提拔，流年一年通順發達。

◎太陽化忌：

　＊眼疾近視，頭痛失眠，心情煩燥而不安。

　＊不利父、夫、子。

　＊大限十年奔波勞碌，流年一年不如意。

　＊逢天刑有牢獄之災，運途不佳多變化。

　＊不利仕途及感情，易有失戀現象，心情不穩定，容易生氣。

【乙干】

一、藝術財，適宜教育界及技術專業技能。

二、易有宗教緣。

三、太陰化忌：不利女命，參考化忌在何宮。也要注意眼疾近視。

　　若化忌在疾厄宮有痔瘡（男性則腎虧）。

　　若化忌在子女宮易得婦女病、尿路系統疾病、糖尿病。

　　若化忌在父母宮注意父母尿路系統疾病。

◎天機化祿：

　＊利於變動，適合參謀，或靠智慧的行業；或在鐵類、五金、
　　汽機業的技術上發財；也可在五術方面進財；或在穩定有計
　　劃之行業上成就。

　＊十年事業發達，流年一年得意。

◎天梁化權：

　＊男女命都好打不平，肯為人排紛解難，有點固執，主觀強，
　　做事有原則。

　＊適宜從事法官、律師、教師、宗教界或在公教機構上班。

＊大限十年通達，流年一年稱心如意。

◎紫微化科：

＊主博學多能；文學研究，步步高升，名聲遠播。

＊易受貴人提拔，愛惜面子，與人接洽和睦。

＊大限十年文事鼎盛，流年一年平順。

◎太陰化忌：

＊一生勞碌，身體較弱。

＊男命主遲婚，女命主失權，不受重視。

＊不利女性，母、妻、女主凶象。

＊易有破耗、疾病，家運多變動，不安定，時常搬家。

＊不適合經營房地產事業。

＊大限十年阻滯，流年一年不如意。

【丙干】

一、適宜投機行業或在技術上進財或為學者。

二、天機化權：屬智慧，可考慮幕後軍師、設計、企劃。

三、天同化祿為福星，不能自化（自化就無福祿）。

四、廉貞化忌：注意交通罰單，官非刑罰。

◎天同化祿：

＊有無形的福氣，食祿佳，有不勞而獲之財，利於計畫實現，享受成果。

＊適宜公教上班、醫生或餐飲業。

＊大限十年光彩如意，流年一年福份安逸。

◎天機化權：

＊主掌機要之權勢，凡事積極采主動，機智能力強。

＊適合五術、宗教、技術行業。

＊大限十年權勢發達，利於競選活動，流年一年如意吉祥。

◎文昌化科：

　　＊有才識、學問好、利考試，競選易當選。

　　＊往文路發展得名，往出版業發展則發達利市。

　　＊大限十年文風興盛，流年一年如意。

◎廉貞化忌：

　　＊經商勞碌，不利公職，官場有是非貶職。加會天刑，刑扙難逃。

　　＊在遷移化忌加會煞星，有兇險、膿血之災。

　　＊遇七殺、大、小限重逢，有災厄或車禍。

　　＊大限十年不利，流年一年破財。

【丁干】

一、不主偏財，主專業技能，學術研究。

二、天同福星化權：無法清閒，較勞碌，做事有責任。

三、男命：異性緣佳（太陰化祿）。女命：無法清閒。

四、巨門化忌：易犯小人、是非及無形干擾。防錢財不露白。

五、丁、巨在疾：注意胃腸病及無形病。

六、在子女宮：花柳病，女性子宮不好，下體不好。暗病，巨門為暗水溝。

　　◎太陰化祿：

　　　＊主發財，男命有女孩緣，得異性財，受女性蔭。

　　　＊女命主溫柔賢慧，擅理家務，適合經營化妝品、女裝、美容院，店面生意佳。

　　　＊田宅興旺，置不動產致富賺錢。

　　　＊大限十年財帛豐足，流年一年財祿風光。

　　◎天同化權：

　　　＊福星化權，職位步步高升，當主管、主任以上之階級，並有創業、開創新局面之能力。

　　　＊適合服務業、餐飲業、服飾業。專業技能。

＊大限適合機械、電工技術、工程。心中份安樂，流年一年平順。

◎天機化科：

＊男女十年福吉祥。計畫之事命都主，受人歡迎，名聲遠播。

＊大限易實現定進財，流年一年平順。

◎巨門化忌：

＊是非十年穩言語上易得罪人。不可接近陰廟，易犯身體不佳，口角，順。

＊田宅運途不化忌易遭竊盜。

＊辰戌宮巨門巨門化忌，財易被騙。

＊疾厄醜未宮化忌，易得不好醫之暗病或癌症，應多修心養性、宮巨門方可解厄，逢凶化吉。

＊男命佈施，反對，受冷落。女命被視為長舌婦，遭到拒絕往來主遭人。

＊大限戶之限波跌起，流年一年不順。

【戊干】

一、貪狼桃花星化祿：十年風財或藝術財、從醫、也可考慮專業技能。主人緣收受紅包。

二、太陰化權：不動產或土地買賣。

三、天機化忌：注意思想不開朗，易鑽牛角尖（參考在何宮），注意四肢手足問題。

◎貪狼化祿：

＊人緣極好，適合經商，或往藝術方面進財。並對五術、仙術有極端的愛好。

＊男命主擅飲花酒，風流雅趣，往娛樂界發展可成名。女命主美容方面、服飾設計。

＊大限十年暴發，流年一年富有。

◎太陰化權：

　　＊富星化權，能掌財政大權。

　　＊女命擅於處理家庭帳務，井井有條，能力強，志氣高，凡事
　　　自己來，多主勞祿。

　　＊大限十年興旺，流年一年吉利。

◎右弼化科：

　　＊名利雙收，有上進心，主有貴人相助，大致多為異性貴人，
　　　因此容易主風情，發生感情風波。

　　＊大限十年利於考場，流年一年吉祥。

◎天機化忌：

　　＊事業多挫折、阻礙，感情也極不順利。

　　＊男命英雄無用武之地。女命對宗教意識特別虔誠，想出家為
　　　尼，看破塵間一切。

　　＊此星化忌，易有外傷、車禍事件發生，或工廠機械易故障損
　　　壞。易感冒，手足之傷，肝癌。

　　＊大限十年辛勞不順，流年一年不順

【己干】

一、主偏財，生意人，祿權在內局，能者多勞，偏重財運。

二、需參考祿、權、科、忌在內局或外局，內局佳，外局不佳，內
　　局別人蔭我，外局我蔭別人。

三、不從商，屬主管階級，但要參考四化在何宮！是否有祿權組合。

四、文曲化忌：注意支票、文書、罰單，內局好，外局為欠債，忌
　　不佳。

五、在何宮，主口角是非，與嘴巴有關，主耗星，易犯小人。

　　◎武曲化祿：

　　　＊主財旺，正財收入，也主偏財運，有意外之財獲得。

　　　＊在財帛宮，當為大富翁，女命也主嫁富商成為富婆。

＊大限十年發財，流年一年財氣旺盛。

◎貪狼化權：

＊個性暴躁，易得罪人，但其能力強，有成功之一面。適合創
　作、才藝、餐飲業、娛樂業上成大功立大業。

＊此星忌與陀羅同度（陀金克木），有災禍。

＊喜會武曲或火鈴諸星可望成功，但在發財之後，易再損失，
　宜勇於急退，固守為上策。

＊大限十年，財名順遂，流年一年成就發達。

◎天梁化科：

＊蔭星化科，可得長輩提拔而升官，位居高官，掌大權，也時
　常因貴人出現幫助而成功。

＊對士人考試順利，競選也能獲得大多數人愛戴而當選。適合
　宗教界、五術界發展，穩定中進財。

＊大限十年，官場得意，流年一年，主貴人相助而獲利。

◎文曲化忌：

＊文華之星化忌，不利求學，易遭阻礙，利於研究，不利於考
　試登科。

＊對金錢方面要特別小心，注意支票、股票、自助會，不可背
　書擔保。交通易被開罰單。

＊大限十年阻滯，流年一年不順失財。

【庚干】

一、太陽化祿：做生意人或服務業。上班不長久（因太陽化祿，很
　　想衝），內局加強。

二、武曲化權：重賺錢，正、偏財都有，參考內、外局。

三、天同化忌：無法清閒，勞碌，責任重，做事有責任。男女一樣
　　論（然後看忌星在何宮。如夫妻，則解釋夫妻對待不佳）。

四、庚干在夫妻宮，婚姻對待不佳。

五、庚干：先天注意血光、開刀（例：子女宮生產開刀；疾厄宮本
　　　身及父母；遷移宮出外注意交通災厄逢血光）看落何宮而論，
　　　例如來因庚干在田宅，屬本人及將來生產子女時有血光（因對
　　　宮為子女宮），而且庚干化科在疾厄沖父母，父母定有開刀相出現。

◎太陽化祿

　＊貴星化祿在財帛或官祿，雙美，富貴雙全：若在卯辰巳宮，
　　當能掌大權當大官。

　＊落陷宜在忙碌中求財。

　＊女命有人緣，能得異性之幫助而獲利。

　＊大限十年吉祥如意，流年一年事業順暢發達。

◎武曲化權：

　＊掌財權，甚會理財，不存死錢，若與丈曲合為文武雙全，聲
　　望更高，財帛更豐。

　＊女命有孤剋之嫌，主觀強，不服輸，事業心過重;對丈夫易有
　　忽略感，以致婚姻不和諧而破劣，宜晚婚。

　＊大限十年財廣進，權勢威武，流年一年通順。

◎太陰化科：

　＊有名聲，科甲顯達;藝術、五術得名，家運也好。

　＊庚干太陰化科用庚金化科，主血光、開刀。

　＊癸干太陰化科則主桃花是所不同。

　＊大限十年財豐富，名聲遠播，流年一年平穩無災。

◎天同化忌：

　＊有福不全，守財不寧，有暗疵，但對宗教信仰虔誠，對身體
　　有先天性心慷衰弱。

　＊大限十年不易發揮，流年一年不順。

【辛干】

一、人緣佳，以口為主之行業。

二、男命主大男人主義，個性強，事業心重。女命主女強人型，因
　　太陽化權，男性之個性，事業心重。

三、女命（太陽權）易有共夫命，在夫、官、財、田宮，易有第三
　　者介入感情。

四、文昌忌，注意支票、文書、交通、罰單。背書，作保。

五、文曲科、昌忌組合同宮（在命、遷宮，母疾福財），會有神經不
　　正常。

　　◎巨門化祿：
　　　＊暗星化祿，有意外之財，且不依靠祖業白手起家。加會吉星
　　　　成就大，又主口才佳，反應好，適宜外交、外務、推銷行業。
　　　＊大限十年吉利，流年一年如意。

　　◎太陽化權：
　　　＊文武皆貴，掌大權，升遷快，人緣特佳，得相助，唯獨個性
　　　　略為強烈，有急躁之現象。
　　　＊大限十年事業發達，流年一年如意快樂。

　　◎文曲化科：
　　　＊文華化科，主在文路上進展快，成就大。
　　　＊男命有文藝才能，女命也主才華過人。
　　　＊大限利於出版事業，流年利於考試。著作・發表。

　　◎文昌化忌：
　　　＊不利考試，理想切莫太高，應多加努力。
　　　＊注意文書、支票、股票問題及交通罰單。
　　　＊大限十年不利考試及競選或出版，流年一年不順有挫折。

【壬干】

一、天梁祿：（命福疾）有福蔭，食祿不缺。自命清高因父母星。

二、紫微權：喜歡當老大，有掌權（孤高，自命清高）。不認輸。

三、左輔科：可當主管或從事專業技能，有一技之長。適合醫界、
　　教育界、調查局。
四、武曲忌：內局佳，外局不佳。財星化忌，注意錢財借貸。週轉。
　　內局：節儉（命、疾、福、官，尤其田宅）。
　　外局：兄、友宮則欠眾生；夫妻宮則欠夫或妻；子女宮則合夥
　　問題。
　　◎天梁化祿：
　　　＊聰明有人緣，受長輩提拔，名聲顯達，對五術醫有興趣。
　　　＊適合各方面進財，股票或投機事業，與天同同樣有不勞而
　　　　獲之財。
　　　＊大限十年橫財，流年一年財祿平順。
　　◎紫微化權：
　　　＊掌權勢，有權威，有領導他人之功能。
　　　＊會六吉星（左、右、日、月）拱或相挾主大富大貴。
　　　＊大限十年佳緣機會，流年一年努力奮發有成。
　　◎左輔化科：
　　　＊功名有望，貴人多助，適合文教工作、廣播事業、新聞工作
　　　　或編輯。女命適合秘書、語文工作。
　　　＊大限十年吉利，流年一年平順。
　　◎武曲化忌：
　　　＊財星化忌，對財不利，倒債甚多，若與天刑同度，必因犯官
　　　　非而刑罰。
　　　＊流年一年為錢煩惱，大限十年財運不順。

【癸干】
一、破軍祿：人緣財，人緣服務業，從事藝術、買空賣空。
二、巨門權：嘴巴行業;教育界、當講師（補習班）、外務員，人緣
　　佳，有說服力。

三、太陰科：土地買賣、不動產。

四、貪狼忌：易犯桃花劫，主修道更佳，適宜偏門生意、冷門生意、技術財，身體注意花柳病。癸干在疾厄有貪狼忌或疾厄坐癸干或子女宮有貪狼忌，則要注肝腎不佳。

◎破軍化祿：

＊代表富足，衣食不缺，有不勞而獲之財。

＊適合經營市場生意，畜牧業佳。

＊大限十年奮鬥有成，流年一年變動轉機。

◎巨門化權：

＊口才佳，有訌巴言天才，讓人心服口服，預防口舌之爭。

＊女命宜防為長舌婦，而對丈夫之事業有阻礙。

＊大限十年進步，流年一年平順。

◎太陰化科：

＊科名顯達，家運平穩，處處平安。

＊男命得妻助，女命主溫柔賢慧，適合保育幼兒科工作。

＊大限十年春風得意，流年一年快樂平安。

◎貪狼化忌：

＊桃花、官非，因桃花惹禍而破財。

＊適合食品類、餐飲業或偏門生意。

＊女命加煞，主婚姻不順或淪落風塵。

＊大限十年多變動，流年一年不順。

第六章　論三方四正宮位

第一節　定義淺說

　　一般上我們將紫微斗數分為二種（派）一種為「三合派」，另一種為「四化派」。所謂「三合派」，即是一般上坊間所通用之以星性、星群、星系的組合為骨幹，配以三方四正的互動關係來斷吉凶；而其中最大的分歧是在應用斷行運（包括大小限及流年）的方法各有不同，有只用小限者，有只用流年者，甚至有用小限與流年合參者；且在斷行運上有用流曜，如：大羊、大陀、流羊、流陀等等。所以基本上，只要該宮位的三方四正裡，亮度較高的主星佔了一半以上便可說是好，表示這樣的格局不錯，甚至是遇到煞星的影響力也會變小。可是如果亮度很亮，又有很多吉星，反而會容易出現亢龍有悔、樂極生悲之傾向。反之全都凶星，則也將有可能孤擲一注、殺出重圍之情況。「三方」是指命宮、財帛宮、事業宮、若再加上遷移宮，號稱「四正」。

第二節　專論命宮、財帛宮、事業宮、遷移宮

【命宮】

【命宮入紫微星】

　　☆命宮的宮位是「辰、戌」，一生波折多，多半可富但不能大貴；
　　富貴無法兼得。

☆命宮有擎羊、陀羅、火星、鈴星，普通經商。

☆命宮有六吉星宿，也能發財，但是口舌事非甚多，易發生麻煩的糾紛。

☆命宮有擎羊星，且擎羊的旺度為陷，常常會有口舌、是非等遭遇發生。

【命宮入天機星】

☆天機星的旺度為陷，心慈性急，好學好動。

☆天機星的旺度為廟，最善談兵。

☆命宮有天梁，口才好，善辯善談，性情極為敏感，能夠隨機應變。

☆命宮有太陰，有內材，有權術，並且較重情感。

☆命宮有六煞，經商為宜，但多變動。

☆命宮有六吉星，身兼數職，或有專門技能，藝術成功之士。

☆命宮有天梁，雖能發但不能長久，雖能貴徒負虛名。

☆命宮有天梁、或命宮有天同、或命宮有太陰，宜在政府機關或在公眾事業中謀發展。

☆命宮有文昌，文曲，宜於大眾文化事業中服務。

☆命宮有太陰、或命宮有天梁、且身宮有貪狼，主人日夜奔忙、勞碌異常或有酒賭等嗜好。

☆命宮有擎羊，陀羅，火星，鈴星，雖能富貴，但不能長久，多災多難，或落地後即他遷。

　【女性】性情剛強，機巧聰明，助夫益子，持家有方，操持過丈夫。

☆天機星為化忌時，多憂善慮，有刺激性，易受外界影響而起感觸，為異性又愛又恨的對象。

☆命宮有太陰，容貌美麗，富情感，善機對。

【命宮入太陽星】

☆太陽的旺度是廟、旺，性情豪放，心慈好施，稟性聰明，志高
　氣傲。

☆太陽的旺度為陷，作事多進多退，性情急躁。

☆命宮的宮位為「申」，作事有頭無尾，事先則勤於工作，而終
　則疏懶隨便，求學不求甚解。

☆命宮的宮位為「酉」，貴而不顯，富而不久；外求美觀，內實
　空虛。

☆命宮有火星，性情天真，感情用事，辛勞不得人緣。

☆命宮的宮位是「戌、亥、子、丑」，主人作事勞碌，虛浮而不
　實際。

　【女命批註】☆太陽的旺度為廟，性格貞烈豪爽，有丈夫氣。

【命宮入武曲星】

☆命宮的宮位為「酉」且命宮有七殺，身長高大。

☆命宮的宮位為「卯」，身材肥胖。身材形小而聲高大，其量亦大。

☆命宮有破軍，為獨夫的性格，一生必多是非。

☆命宮有擎羊，七殺，天空，地劫，容易因財利而持刀動武。

☆命宮有天府、左輔、右弼、天魁、天鉞、祿存、天馬，是女中
　豪傑，處事果斷，富貴雙全。

☆命宮有六煞，應該以武職文做。宜從事軍警刑法之職。

☆命宮有祿存、天馬、化祿、化科，福厚。

☆命宮有文昌、文曲、六吉星，出將入相，能掌百萬雄兵，以武
　職最為相宜；人則多學多能。

☆命宮有七殺、或命宮有火星，財利事業而招遇到意外災禍。

☆命宮有化忌，大耗，有盜賊搶劫等事發生。

☆命宮有祿存、且命宮無天空及地劫，雖能富有，但多為是損人利己的自私者。

☆命宮有左輔、右弼，人為外剛強而內忠厚。

☆命宮的宮位為「子」，且命宮有：天馬，可以遠涉重洋遨遊國外。

【命宮入天同星】

☆命宮有天梁、左輔、右弼、天魁、天鉞、文昌、文曲，福厚壽長具文學天賦。

☆命宮有祿存，財福雙美。

☆命宮的宮位為「亥」，且天同為化忌，主刑剋孤單，為他人做牛做馬；或有破相病災。

　　【女命批註】為人聰明機巧。

☆天同的旺度為廟，且命宮有：祿存、化祿，幫夫教子，福祿雙全。

☆命宮有太陰，喜歡修飾美容，財祿雖足，但福不全。

【命宮入廉貞星】

☆廉貞的旺度為陷，紙醉金迷，時常流連酒色賭博之處，而有發生訟司口舌之爭。

☆命宮有天府，內心寬厚。

☆命宮有廉貞的旺度為廟，最適合武職。

☆命宮有紫微星，威權顯赫。

☆命宮有祿存、化祿、天馬，富貴雙全。

☆命宮有文昌、文曲，好禮義，喜歡音樂。

☆命宮有擎羊、陀羅、火星、鈴星、空劫、天刑，時常有不測之災禍，或因病災動手術而身體不適。

【命宮入天府星】

☆命宮的宮位是「巳、亥」，主貴。

☆命宮有祿存，名利雙收。

☆命宮有文曲、文昌、左輔、右弼，才學佳、考試運好。

☆命宮有擎羊、陀羅、火星、鈴星，如無吉星輔曜扶持，則為人善於計謀好詐。

☆命宮有天空、地劫，主孤獨、福不全。

☆命宮有天姚，主權術陰謀之士。

　【女命批註】清秀、高雅，理智重於感情，有獨特的審美觀念，重穿著，喜佈置居家環境。

【命宮入太陰星】

☆命宮有文昌、文曲，有文藝才華。

☆命宮有天魁、天鉞，服公職、平安順利。

☆命宮有祿存及三台及八座，聲名佳。

☆命宮有祿存及左輔及右弼，一生有錢、有福。

　【女命批註】太陰的旺度為廟，夫人之格，為人端莊凝重，聰明敏感，重情，助夫教子之命。

☆命宮有擎羊、陀羅、火星、鈴星、天刑、空劫，容易傷夫剋子。

☆命宮有天姚、咸池、文昌、文曲，宜為繼室、偏房為宜，否則性浮蕩、不安於家室。

【命宮入貪狼星】

☆貪狼的旺度為陷，形小而聲高，性情不常；而量大，好施小惠於人。有錯誤時，人們每在初時恨之入骨，終則諒之。作事性急，好弄巧，有嗜好，酒色煙賭無所不好，無所不能。

☆命宮的宮位為「申」，能流芳百世，亦能遺臭萬年，為一部分人所指責反對，而又為另一部分人所欽敬崇拜；一生事業由堅苦奮鬥中得來，若享受淫樂，則事業又將在安樂中失去。

☆命宮的宮位為「寅」，且命宮有六煞，主人聰明，少年顯揚，但牢獄災禍與事業並來。

☆命宮的宮位為「巳」，主圓滑活動，但一生災遇極多，但都能脫危而安。

☆身宮有七殺，有偷花淫奔的作風。

☆身宮有破軍，狂醉豪賭，視色如命。主浮蕩，不安家室，好交友，有嗜好。

☆命宮有文昌、文曲、天虛、陰煞，作事虛而不實，善巧騙。

☆命宮四正無六煞，為軍警或政界中人士。

☆命宮無六煞，由白手成大業。牢獄災禍，一生東西逃，嘗盡甜酸苦辣。

☆命宮的宮位為「午」，善計謀，雄才略。

☆命宮四正無六煞，事業極大，左右經濟形勢，掌握財政大權。否則，須在商界謀發展。

【女命批註】多有嗜好宗教信仰，有丈夫志，性情剛毅，重毛髮，旺夫益子。

【命宮入巨門星】

☆巨門的旺度為陷，或命宮有化忌，容易口舌厭人，多事多非。

☆命宮有化權、化祿、祿存，能富能貴。

☆命宮有化忌，口舌連連，災禍紛紛。凡事多疑少決，舉棋不定。

☆命宮有陀羅，身有異痣。

命宮有擎羊、陀羅、火星、鈴星、劫殺、天刑、陰殺，且命宮無祿存、化祿、化權，主有投河服毒、輕生自盡等情事發生。或遭火災，或則奔波千里，作事顛倒，主張全無。

【女命批註】巨門的旺度為廟，且命宮有：化權、化祿、祿存，主富主貴，而且壽命極長。

☆命宮有擎羊、陀羅、火星、鈴星、天刑，主刑剋壽夭，以繼室偏房為宜，但仍多爭多鬥。

【命宮入天相星】

☆命宮有左輔、右弼、天魁、天鉞、三台、八座、天貴、恩光、天德、解神、天巫，且命宮有化祿、化權、化科、祿存、天馬，主人位居極品，出將入相，國家砥柱，社會領袖，既貴且富。

☆命宮有紫微星、祿存，為人有偏見，或主見極深，好爭權，同時也容易遭到小人的傾擠。

☆命宮有武曲、廉貞、貪狼、天才、鳳閣，為人聰明好學，多才多藝。

☆命宮有擎羊、陀羅且天相的旺度為陷，主人以技術或藝術養生。

☆命宮有祿存、化權、化科，以事門技能或藝術起家。

☆命宮有火星、鈴星、天刑、天月、陰煞、天空、地劫、大耗，主刑剋，或身殘疾。

命宮有武曲、破軍、文昌、文曲、左輔、右弼、陀羅、天馬、化祿，主人時成時敗、忽起忽落。成功則增田置產不可一世，失敗則牢獄災禍，小人包圍，刑剋傷害。此吉中藏凶，而凶中藏吉。

【女命批註】好打扮自己，貪吃、挑食，有笑容。主人聰明持重，有丈夫志氣。

☆命宮有化祿、化權、化科、祿存、左輔、右弼、天馬,乃夫人
　之命,旺夫教子,富貴雙全。

☆命宮有文昌、文曲、化忌、擎羊,主孤獨,以出家修行,或以
　繼室偏房及不舉行結婚儀式之同居為宜,否則刑剋分離。

【命宮入天梁星】

☆命宮的宮位為「巳」,每多負特殊使命或特殊職務者,或身兼
　數職,有公開者,有秘密者。

☆命宮有太陽、文昌、文曲,聰明出眾、但多心傲好勝。

☆命宮有天機星,博古通今,善談好學,並識兵機。

☆命宮有天空、地劫、大耗,主好遊蕩,無積儲,多破蕩

☆命宮有文昌、文曲、鳳閣,主文化界人士,或經營文化事業者,
　或新聞事業者。

　【女命批註】天梁的旺度為廟,主富貴雙全,多才多藝。

☆命宮有左輔、右弼,幫夫教子,心慈好施而爽直。

【命宮入七殺星】

☆七殺的旺度為廟,雖有破敗災禍病災,但仍許富貴。

☆七殺的旺度為陷,或死於兵荒馬亂,或陣亡災死,或則疾病開
　刀,性情倔強,剛愎自用,處事霸道,行為凶橫而壽夭。

☆命宮的宮位是「巳、亥」,多得貴人提攜,青雲直上,而能富
　能貴。

☆命宮的宮位是「寅、申」,多清高,如為眾人師表、幫會領袖,
　獨負其責、獨當一面者。

☆命宮有紫微星、天府、祿存、化祿、化權、化科、六吉,得群
　眾擁護,在國家為大將之材,極品之貴,在商為工業界之領袖,
　名震他邦。

☆命宮有六煞、天刑、大耗，主刑剋傷害，福不全，能富貴者，
　則配偶有刑剋分離者，或子女無出者，或多女少男者，或疾病
　纏身者；如骨肉無缺，身體健康者，則又不能富不能貴矣。

☆命宮有天空、地劫、大耗，投機有傾家之憂，且少有恢復的
　機會。

☆命宮有祿存、化祿，或命宮有右輔、右弼、天魁、天鉞，雖亦
　有困難遭遇，但能得眾人之助力原諒，逢凶化吉，迅速轉機。

【命宮入破軍星】

☆命宮的宮位是「辰、戌」，主人一生中必有非常之災遇，或特
　殊之疾病，拖延頗久，屬腦神經、心臟、腎臟或腸胃病等。為
　人有毅力，有專長，愛藝術。但一生風波頗多，不守祖業。並
　主刑剋配偶，富而不貴，有虛名。

☆破軍的旺度為陷，性剛寡合，好強好爭。

☆破軍的旺度為廟，忠厚善良，旺地性耿直，處事有恆、有毅力。

☆命宮有：紫微星，命宮的宮位為「未」，主得意外之財，或突
　遇貴人，平昇三級。

　【女命批註】注重外表，且虛榮、浪費、神經質。

☆命宮的宮位是「子、午」，主福厚祿重，旺夫益子，惟以遲婚
　為宜。

☆命宮的宮位是「巳、亥」，性情剛強，有丈夫志。

☆命宮的宮位是「寅、申」，刑夫剋子，早離父母，重繼他姓，
　自食其力，以偏室較宜，否則離剋多次，又多終年不嫁者。

【事業宮】

　稱事業宮或讀書宮。

【官祿宮有紫微】

☆官祿宮有天府、左輔、右弼、三台、八座、天魁、天鉞，為一品大員、國家之棟樑。

☆官祿宮有祿存、天馬、化祿，善理經濟財政。

☆官祿宮有祿存、化祿，應握經濟大權。

☆官祿宮有破軍，一生的事業，成中有敗，多波多折。

☆官祿宮有天刑、擎羊、武曲，且紫微的旺度、廟，掌握軍警大權。

☆紫微化科，宜往政界機關及公眾事業謀發展。

☆官祿宮有：天空、地劫、大耗，一生事業多波折。

☆官祿宮有：地劫，容易節外生枝。

【官祿宮有天機】

☆天機的旺度、陷，宜在公家機關或大公司中服務。

☆天機的旺度、廟，或官祿宮有：化祿、化權、化科，名震四海，為國家棟樑，能文能武。

☆官祿宮有左輔、右弼，事業有多種的發展或兼任數職。

☆官祿宮有文昌、文曲、化科，最適從文化事業、大眾工業上謀發展，或有專門的技能。

☆官祿宮有擎羊、陀羅、火星、鈴星，常常調換職業或流動性大職業。

☆官祿宮有天空、地劫、大耗，適合從事實業工廠，投機事業，宜守財。

☆官祿宮有巨門，或官祿宮對宮有：巨門，宜從事播，廣告事業，若從商，以主管營業部門為宜。

【官祿宮有太陽】

☆官祿宮的宮位「午」，能掌握大權，主大富。

☆官祿宮有左輔、右弼、天魁、天鉞、文昌、文曲，且官祿宮無六煞，貴至一品或門徒眾多。

☆官祿宮有化祿、化權、化科，是國家棟樑。

☆官祿宮有擎羊、陀羅，且太陽的旺度、陷，勞碌奔走，多成多敗。

☆官祿宮有天空、地劫，宜從事技藝上成名，或由幻想中創立事業。

☆官祿宮有巨門，能得異族之財，在現代社會，最宜經商，以進出口業為最佳。

☆官祿宮有天梁，能得名譽之財，所以如果經商須注意商譽的建立。

【官祿宮有武曲】

◎最適合從事武職，但經商亦主事業鼎盛。

☆官祿宮有化祿、化權、化科、祿存、天馬，為財政要員，掌握經濟大權。

☆官祿宮有破軍、天刑，出身軍旅。

☆官祿宮有七殺，為國立功。

☆官祿宮有左輔、右弼、天魁、天鉞、文昌、文曲，乃將相之材，威烈邊疆，號令百萬雄師。

☆官祿宮有貪狼，有經商暴利的行為，或為政貪取的意味。

☆官祿宮有化忌，事業有顛簸，常有進退不決的反應。

☆官祿宮有擎羊、陀羅、火星、鈴星、天空、地劫、大耗，多謀少成，糾紛困難。

【官祿宮有天同】

◎宜白手創業或由小而大的做，做事不積極，從事不明顯的目標
工作比較合適。

☆官祿宮有化祿、化權、化科，事業鼎盛。

☆官祿宮有巨門，經由艱難而奮鬥成功，事業常常容易半途而廢。

☆官祿宮有太陰，適合在已成局面下謀求發展。

☆官祿宮有文昌、文曲，在文化藝術中求進取。

☆官祿宮有天馬、陀羅，業務多變動，且多糾紛。

☆官祿宮有擎羊、天刑，在事業時常有訴訟的糾紛發生。

☆官祿宮有火星、鈴星，處事多逆境。

☆官祿宮有地劫，事業主要由幻想中發動，或由藝術技能起家。

【官祿宮有廉貞】

☆廉貞的旺度、廟，從事武職可以做得非常的顯赫。

☆官祿宮有貪狼，適合從事外交方面的工作，及需交際應酬的事
務，與外界有接觸的事業。

☆官祿宮有文昌、文曲、紫微，從事文職而能掌握大權。

☆官祿宮有武曲，文武雙全，文事武做。

☆官祿宮有七殺，出身在軍、警兩界。

☆官祿宮有擎羊、陀羅、天刑、火星、鈴星、化忌，有牢獄之災。

☆官祿宮有破軍，一生的運命波折顛沛。

【官祿宮有天府】

◎天府臨事業宮，主事業偉大，若非老闆，也可當高級主管。若
無吉星會照，做小生意自己當個小老闆。

☆官祿宮有擎羊、陀羅、火星、鈴星，不適合做投機事業，多糾
　紛有波折。

【官祿宮有太陰】

◎事業平穩，少異動。

☆官祿宮有文昌、文曲，宜從事文化事業、公眾事業，或學術研
　究，或以文藝出人頭地。

☆官祿宮有左輔、右弼，宜往政界發展。

☆官祿宮有天同、天機，事業多變動，或宜流動性事業。

☆官祿宮有天同、天梁、天機，宜於機關工廠或公眾事業中任職，
　或組織股份有限公司方合。

☆官祿宮有天機、天梁、化祿、化權、化科，宜實業方面求發展。

☆官祿宮有文昌、文曲、鳳閣、天才、龍池，在藝術界展露頭角。

☆官祿宮有天機、天同、天梁、化祿、化權、化科，且官祿宮無
　六煞，主掌握軍警大權，百萬雄師威震邊疆之將相大材。

☆官祿宮有天空、地劫、大耗，宜在工廠方面謀進展，或由空想
　幻想中成事實，或為發明家。

【官祿宮有貪狼】

☆官祿宮四正無六煞，且官祿宮有：化祿、化權、化科，主進身
　政治舞台。

☆官祿宮有左輔、右弼、天魁、天鉞、天貴、天巫、恩光、天官、
　三台、八座，台輔、封誥，為政界紅人，官爵顯赫。

☆官祿宮有火星、鈴星、武曲，主掌握兵符，國家社會之柱石。

☆官祿宮有紫微、左輔、右弼，能文能武。

☆官祿宮有六煞，在商場中謀進取為宜。

☆官祿宮有天空、地劫，以創設工廠實業為宜。

☆官祿宮有大耗、地劫，事業多顛簸、多枝節。

【官祿宮有巨門】

☆官祿宮有化權、化祿、祿存，且巨門的旺度、廟，為軍政界的要人、社會的聞人、商業界的鉅子。

☆官祿宮有太陽，名重於財。

☆官祿宮有天機，變動多端，不能以一事一職終其生。時文時武，時東時西，幻想多，慾望重。

☆官祿宮有天同，有頭無尾，事多不能結束。

☆官祿宮有化忌，事業不安定，多是非口舌之爭，多糾紛，成中多敗。

☆官祿宮有擎羊、陀羅、火星、鈴星、空劫、大耗、天刑，事業上多官事涉訟、糾紛爭鬥，職業不穩，事業不定，災禍紛紛。時有意外之財，但橫得橫失，或奔波江湖，或遭受意外的失敗，或特殊的打擊。

【官祿宮有天相】

☆官祿宮有化祿、化權、化科，且官祿宮有祿存、左輔、右弼、天魁、天鉞，為國家要人、社會聞人、商界鉅子、既富且貴，允文允武。

☆官祿宮四正無六煞，於政治舞台上謀發展。

☆官祿宮有紫微，進身政界。

☆官祿宮有武曲，立功邊疆。

☆官祿宮有廉貞，主參予戎機，馳騁戰場。

☆官祿宮有武曲、破軍，有成有敗，時得時失。

☆官祿宮有天空、地劫，由技能藝術起家或創辦工廠實業，否則主失敗破耗；投機則傾家。

☆官祿宮有擎羊、陀羅、火星、鈴星，事業多糾紛，多變化，多枝節，順中多逆境，且主官災是非。在政在軍或遭遇突然的職，在商則有顛覆涉訟倒閉等情事。

【官祿宮有天梁】

☆官祿宮有六吉，且官祿宮的宮位「午」，主為政界要員、商界領袖，名傳異國，權重位高。

☆官祿宮有太陽，或文或武，以才藝揚名。

☆官祿宮有天同，主是整理內務人材，如秘書參議，握內權，善策畫。

☆官祿宮有天機，身兼數職，但多變動。

☆官祿宮有六煞、大耗、天刑，主有特殊使命者，或因事業而生災禍，涉訟破耗。

【官祿宮有七殺】

☆官祿宮有武曲，且官祿宮有：左輔、右弼、天魁、天鉞、天巫、三台、八座，主威震他鄉，握生殺大權或主權貴。

☆官祿宮有廉貞，主崢嶸同儕，出人頭地。

☆官祿宮有擎羊、陀羅、鈴星、火星，主武職威風，惟一生多風波是非。

☆官祿宮有化忌，事多周折。

☆官祿宮有天空、地劫，以工廠實業為宜，否則一生多破敗。

【官祿宮有破軍】

☆官祿宮有化祿、化權、化科，能敗能興，有毅力，以事業為前提，國家重臣。

☆官祿宮有紫微，亦主顯貴。

☆官祿宮有武曲，最適武職。

官祿宮有廉貞，為機關科員。

【遷移宮】

◎一般有紫微、太陽、武曲、廉貞、天府、太陰、天相、天梁、昌曲、祿存、化科、輔弼、魁鉞者大吉。有天機、天同、天馬、化祿、化權者中吉。有貪狼、巨門、七殺者凶，有空劫、化忌者凶。

【遷移宮有紫微】

◎出外受人敬重，交遊廣闊，人際關係良好，出外得貴，可得長輩提拔。自身活動力強，交際場合表現活躍。行為舉止，談吐，自然流露不可抗拒的說服力。

☆遷移宮有左輔、右弼，有貴人扶助。

☆遷移宮有天府，出外富貴雙全。

☆遷移宮有祿存、天馬、化祿，出門有財。

☆遷移宮有祿存，出門雖然能夠得利，但需防被小人擠兌。

☆遷移宮有破軍，有成有敗，或有貴人相扶助，但遭到小人的破壞。

☆遷移宮有擎羊、陀羅，所以時感人緣不足，或出門多麻煩糾紛。

☆遷移宮有火星、鈴星、大耗、天刑、天空、地劫，在外多事多非，破財不安寧。

【遷移宮有天機】

◎坐不住的個性，急性，且好動，不宜久居出生地，適合多變動性質的工作或活動。容易時常換工作。宜往遠地發展。

☆遷移宮有巨門，宜出外創業。

☆遷移宮有天梁，出外有貴人扶持，且有現成的機緣可得。

☆遷移宮有擎羊、陀羅、火星、鈴星、天空、地劫，出門較為不利，容易有破財，口舌是非，虛驚及意外發生。

☆遷移宮有太陰、祿存、化祿，出門得財。

☆遷移宮有天馬、六煞，奔忙不定，勞碌非常。

【遷移宮有太陽】

◎宜向外發展，不宜靜守，出外得貴人助，且早年就離家在外，或在他人家長大。

☆太陽的旺度、陷，出門多忙碌。

☆太陽化忌，出門不利，有病災或碌碌奔忙。

☆遷移宮有擎羊、陀羅、火星、鈴星、天空、地劫，出門是非多，不安寧有破耗。

【遷移宮有武曲】

☆遷移宮有貪狼，海外作客，他邦得祿。

☆遷移宮有化忌，且武曲的旺度、陷，流落他鄉。

☆遷移宮有七殺、破軍，在外心神不寧。

☆遷移宮有擎羊、陀羅、火星、鈴星、天刑、天虛、天空、地劫，在外是非糾紛，思想消極。

【遷移宮有天同】

◎出門得福，人緣佳，出外時有貴人相助，個性不怎麼好動，但出門皆由不得自己。

☆遷移宮有：巨門，雖然能在外面創業，但多煩惱口舌。

☆遷移宮有：太陰，出門能發，但奔走忙碌。

☆遷移宮有：擎羊、陀羅，出外多是非災禍。

☆遷移宮有：火星、鈴星、天刑，時有鬥爭且不安。

☆遷移宮有：天空、地劫、大耗，旅途失財或在外破耗，滯留他鄉。

【遷移宮有廉貞】

◎以出門為利，勞碌、好動，但也有疏懶的一面。

◎出外人緣佳，宜往鬧市發展，放假時，喜歡登山郊遊。

☆遷移宮有破軍、七殺、天刑、化忌星，主客死他鄉。

☆遷移宮有貪狼，作事精神佳，應酬交際多，勞神又費心。

☆遷移宮有天相，出門得利。

☆遷移宮有祿存、化祿，出外有發財運。

☆遷移宮有化忌，出外會因財生災或因酒色生禍。

【遷移宮有天府】

◎主出外得福，在外會遇貴人，在外喜歡幫助人，結交比自己強的人。

☆遷移宮有陰煞、陀羅、火星，出門須防陰謀損傷。

☆遷移宮有擎羊、天月、天刑，遇煞出外小人不足，或病災。

【遷移宮有太陰】

◎多結人緣。在外有異性緣，多得異性之助。耐力足，且出外常晚歸。

◎在外有貴人扶持。但不宜與人競爭。

☆遷移宮有天同，遠涉他方，白手創業成富。

☆遷移宮有天機，勞心奔忙，多變動。

☆遷移宮有化忌，做事多游疑進退，且口舌是非多。

☆遷移宮有六煞，且太陰的旺度、陷，需注意出外有災或奔忙。

【遷移宮有貪狼】

◎愛表現、愛刺激，喜新奇事物。喜歡在外跑跳，尋求刺激，異性活動。在外異性緣好，且喜接觸異性。

☆遷移宮有六吉，在外快樂，且多嗜好方面的應酬，好賭者多賭友，好酒者多酒友，好宗教者多宗教方面之應酬。

☆遷移宮有左輔、右弼、化祿、化權、化科，更得人緣，得人之擁護愛戴。

☆遷移宮的宮位「巳」或貪狼的宮位「亥」，無事忙碌。

☆遷移宮有擎羊、陀羅、大耗、天空、地劫，易出門有災禍，或遭遇盜劫偷失等情事發生。

☆遷移宮有咸池、天姚、廉貞，出門容易因色遭災或遭受陰人陷害。

【遷移宮有巨門】

◎無故生災，在外多是非。

☆巨門的旺度、廟，主出外大發，以演說善辯口才，名提他方。

☆遷移宮有化權、化祿、祿存，在政則為司法人材、外交要員；在商則為公司營業負責人。

☆遷移宮有天同，出外白手創業。

☆巨門化忌，出外口舌糾紛多，進退不決，多疑不定，東奔西走，勞碌異常。

☆遷移宮有太陽，出外風光，有意外收穫。

☆太陽的宮位是「巳、午」，易遭小人的忌惡。

☆遷移宮有擎羊、陀羅、火星、鈴星、天刑，出外易遭災，少人緣，多是非。

【遷移宮有天相】

◎人緣好，到處受歡迎，常有人跟隨左右。喜出風頭，愛管閑事。

☆遷移宮有化祿、化權、化科，且遷移宮有：祿存、左輔、右弼、
　天魁、天鉞，在外有貴人提攜，有特殊機遇，得一般人之擁護，
　地位既高且能大發，並主得異邦人士之推崇。

☆遷移宮有紫微，地位崇，高被人敬慕。

☆遷移宮有武曲，在外得意外之財，或則名利雙收。

☆遷移宮有武曲、破軍，性情剛毅，出外有成有敗，少人緣。

☆遷移宮有天空、地劫、大耗、劫煞，出外破耗，一生多波折。

☆遷移宮有擎羊、陀羅、火星、鈴星、天刑，主出外孤獨，少人
　助，或遭遇災禍，或遭遇小人之陷害。

【遷移宮有天梁】

◎在外有貴人，貴人多為年長者，並為人畏重。自己亦廣交遊。

☆遷移宮的宮位是「巳、亥、申」，東奔西走，勞碌多忙。

☆遷移宮有天機，出門多機遇，但多變化，不安定。

☆遷移宮有太陽，出外成名。

☆遷移宮有天同，出門安定。

☆遷移宮有化忌，出外多是非口舌。

☆遷移宮有擎羊、陀羅、火星、鈴星，主出外有災禍，或遭遇小
　人陰謀。

【遷移宮有七殺】

◎活動力強，喜往外跑。在外有地位，在外有威力，使人敬威。

☆七殺的旺度、陷，容易被人連累、陷害，或主在外受壓力。

☆遷移宮有武曲，主在外能活動，有利可圖。

☆武曲化忌，主出門有病災，或在外業遭遇失敗，並主一生中有
　涉訟或牢獄之災。

☆遷移宮有廉貞，出外有聲名，主出外能發。

☆遷移宮有紫微，在外為人所敬重，並主得貴人提攜，或主出門
　遇貴。

☆遷移宮有天刑，主一生多刑剋，出外有災。

☆遷移宮有擎羊、陀羅，最適合武職，否則少人緣。

☆遷移宮有火星，有意外財。

☆遷移宮有天空、地劫，以企業實業工廠為宜，否則主飄蕩。

【遷移宮有破軍】

◎主奔波，出外以技巧藝術或專門特長為人敬服。

☆遷移宮有紫微，主得貴人提攜。

☆遷移宮有武曲，主為能文能武之技術或藝術之專門人才。

☆遷移宮的宮位是「子、午」，出外能富貴。

☆遷移宮有擎羊、陀羅、火星、鈴星，出外主破敗，遇災禍，少
　人緣，奔馳勞碌，以巧藝謀生。

【財帛宮】

◎一般說來，有紫微、太陽、武曲、天府、太陰、祿存者大吉。
　有天機、天同、廉貞、巨門、天相、天梁、七殺、破軍、昌曲、
　魁鉞、輔弼化吉者中吉，有貪狼、四殺、化忌、大耗者凶，有
　空劫者凶。

【財帛宮有紫微】

◎善於理財、謀財，主要偏向理財能力，所以善於掌管錢財，但
　對於自己的財運確是平平。

☆財帛宮有破軍，雖有財，但有波折、破敗。

☆財帛宮有擎羊、陀羅、火星、鈴星，能發橫財，但時間不會太長。

☆財帛宮有七殺、六吉，能發橫財。

☆財帛宮有左輔、右弼，財源將來自多方面。

☆財帛宮有火星、天虛、大耗，人表面風光，但並不代表財富豐盈。

☆財帛宮有天同、祿存、化祿，財能積儲。

☆財帛宮有天府，一生富足。

☆財帛宮的宮位「未」，有得意外之財。

☆財帛宮有大耗、天空、地劫，財來財去，有錢存不住。

☆財帛宮有祿存、天馬，離鄉背景經商。

【財帛宮有天機】

◎白手起家，多為靠自己智慧及雙手努力而來，但錢在手中不安穩，去了又來，來了又去，財來財去。多為在銀行或財務機構服務。☆天機的旺度、陷，費心勞力，多變化。

☆財帛宮有巨門，須勞心勞神，任何時情，都有競爭的對手，所以須費盡心神去爭取。

☆財帛宮有天梁，謀財多巧計，多機變。

☆財帛宮有擎羊、陀羅、火星、鈴星、天空、地劫、大耗，一生機緣雖很多，但多聚多散。

☆財帛宮有祿存，雖得財，但小人不足耳。

【財帛宮有太陽】

◎財富多，錢也花的多，愛好面子。

☆太陽的旺度、廟，財源豐足。

☆太陽的旺度、陷，財來財去，費心勞力。

☆財帛宮有巨門，錢財皆由創業中得來，或由競爭勞力勞神中
　得來。

☆財帛宮有天梁，有爭奪的現象。

☆財帛宮有文昌、文曲，一生因為別人的牽累而破財，所以應盡
　量避免替別人作保。

【財帛宮有武曲】

◎財庫相當不錯，財富不小。

☆財帛宮有祿存、天馬、化祿，且武曲的旺度、廟，乃大富之格。

☆財帛宮無六吉，在勞心勞力中進財者。

☆財帛宮有破軍，波浪起伏，容易財來財即去，但終能積儲。

☆財帛宮有七殺，白手起家。

☆財帛宮有紫微、天相，財源豐足。

☆財帛宮有擎羊、陀羅，因財遭災。

☆財帛宮有火星、貪狼，為富格，常有意外之財。

☆財帛宮有化忌，為經濟而生困難。

☆財帛宮有天空、地劫，忙碌少成有破。

【財帛宮有天同】

◎多為白手成家或薄資起家，而衣食無慮，對錢財看得很淡，不
　在乎錢之多寡，生活過得去就好了。

☆財帛宮有天梁，財祿茂盛。

☆財帛宮有太陰，時有意外收穫。

☆財帛宮有巨門，有進有退，財難積儲。

☆財帛宮有祿存、化祿、天馬，為富有之人。

☆財帛宮有擎羊、陀羅、火星、鈴星、天空、地劫、鳳閣、龍池，多為藝術技巧起家，有瀟灑風度。

【財帛宮有廉貞】

◎廉貞之財不容易守得住，善流動，宜從事商業行為，使錢有流通的機會。在競爭是非中求財，容易惹詞訟破財，或被人侵吞偷盜。逢煞容易遭竊，逢化忌容易被劫，無法取回，如遇化祿財也不順，但可拿得到。逢煞或化忌，千萬不可有賭博的行為，否則必輸。

☆財帛宮有貪狼，主橫發橫破。

☆財帛宮有天相，生活富裕。

☆財帛宮有擎羊、火星，能橫發。

☆財帛宮有化忌，會因財而有災難或多煩惱。

☆財帛宮有大耗、天空、地劫，須防盜賊。

☆財帛宮有化忌、擎羊、陀羅、天空、地劫，容易因訴訟破財。

【財帛宮有天府】

◎天府為財祿之庫，臨財帛宮，主善理財守財，肯濟助他人。財源廣，有很多賺錢的門路。

☆財帛宮有左輔、右弼、祿存、化祿、紫微、武曲，主大富大格。

☆財帛宮有天空、地劫、大耗，財祿得中有破耗。

☆財帛宮有擎羊、陀羅、火星、鈴星、天刑，因為財多，而引起糾紛或涉訟。

【財帛宮有太陰】

◎富足多財。

☆財帛宮有左輔、右弼、文昌、文曲、祿存、化祿，且太陰的旺
　度、廟，為大富之命。

☆財帛宮有天機，白手起家，或由自身創業起家。

☆財帛宮有擎羊、陀羅、火星、鈴星，容易因財起糾紛。

【財帛宮有貪狼】

☆財帛宮無天同，愛財，不計一切只為財。

☆財帛宮有火星、鈴星，主富厚，主橫發，或得意外之財。

☆貪狼化忌，主操心費神。

☆財帛宮有天空、地劫、大耗，財來財去。

☆財帛宮有祿存、化祿，財祿豐足。

☆財帛宮有化祿、化權、化科，既富且貴。

☆財帛宮有擎羊、陀羅、大耗、天空、地劫，因賭博投機或其他
　嗜好傾家。

☆財帛宮有紅鸞、天喜、廉貞、天姚、陰殺、咸池，因色破產。

☆財帛宮有天月，因病損財。

【財帛宮有巨門】

◎由勞神費力及憑腦力口才得來，競爭而得之財，口辯舌論之
　財，能白手創業。

☆財帛宮有化權、化祿、祿存，主富厚，但最忌志高氣傲、鋒芒
　迫人，則必受人擠免，遭遇極大困難，為大眾所推翻，或為其
　子女所敗耗。

☆財帛宮有太陽，得人之信賴，擴展已成的基業，並能得異國人
　士之推崇。

☆財帛宮有天機，多進多出，多變動。

☆財帛宮有天同，由技術藝術或白手創業或律師、法官、醫師等
　職業起家。

☆財帛宮有擎羊、陀羅，多糾紛涉訟。

【財帛宮有天相】

◎善於理財、用財，財路安穩。

☆財帛宮有天府、化祿、祿存，財源富足，有積儲。

☆財帛宮有廉貞，從商則長袖善舞，必然能發。

☆財帛宮有紫微，有意外之財，因之能突然富有。

☆財帛宮有武曲，以專門技能或藝術上得財利。

☆財帛宮有武曲、破軍，主財時得時失，忽成忽敗，或先破祖業，
　然後有成。

☆財帛宮有天空、地劫、大耗，財來財去，時或寅吃卯糧，少
　積儲。

☆財帛宮有擎羊、陀羅、火星、鈴星、天刑，主因財起爭，糾紛，
　傾家破產，或至牢獄之災。

【財帛宮有天梁】

◎好看而已，不重視錢財。

☆財帛宮有化祿、天巫、祿存、太陰，主發主富，或承受遺產，
　或其他現成的財富。

☆財帛宮有太陽，且財帛宮的宮位「卯」，雖能富能發，但有因
　財產起爭奪的意味。

☆財帛宮有天同，能創立家財，由小而發展，或則白手起家。

☆財帛宮有天機，財來財去，時發時破，或由辛勤勞力中得來，
　時有變化。

☆財帛宮的宮位「子」，財有來源，但剝削極重。

☆財帛宮有化忌，主因財多口舌、多糾紛、多是非，或因財而生精神上的痛苦。

☆財帛宮有六煞、大耗、天刑，主有破產傾家，或因財而生災禍，或因涉訟而破耗。

☆財帛宮有六吉，雖有吉星可化，但先苦後安。

【財帛宮有七殺】

◎橫發橫破，暴得暴失，有橫財運，但無法守。

☆七殺的旺度、廟，且財帛宮有：化祿、化權、化科、祿存，主財祿豐足，財源極厚，能得意外財富。

☆財帛宮有廉貞，主發能富。

☆財帛宮有擎羊、陀羅、火星、鈴星、天刑，因財生災，或遭遇搶劫盜偷。

☆財帛宮有天空、地劫、大耗，財不足勞力求謀，多感困難，週轉無方或至傾家破產者。

☆財帛宮有化祿、祿存，但在短期內有轉機耳。

【財帛宮有破軍】

◎財來則必去。

☆財帛宮有武曲，且財帛宮的宮位「巳」，財來財去。

☆財帛宮有紫微，且財帛宮的宮位「未」，主得意想不到之財或特殊之財。

第三節　出生時辰吉凶考證

子時生人（午夜 23：00～24：59）

◎子時生人性急命帶剛強，儉事反覆不定，招人是非，父母妻子
有力，日手成家之命也，十二，十八，三十六，四十五，五十
八，八十九歲之壽。純真踏實，個性急，說話直率，易招致誤
解，有點頑固，不易溝通，一經自己定案之見解，很難去改變。

丑時生人（凌晨 01：00～02：59）

◎丑時生人，父母一刑剋，一生敬貴，有勢有力，末限大好，福
祿有餘之命也，十八，二十六，三十一，四十六有災，其年可
持齋作福，七十二歲之壽。努力型的人，熱心熱誠，獨立性強，
有耐心，但任性，凡事能在自己鍥而不捨的努力下逢凶化吉。

寅時生人（半夜 03：00～04：59）

◎寅時生人，父母兄弟妻子多剋，離祖方好，初限平平，末限發
財，二十六，二十九，三十三，三十九，四十九，六十六歲，
主得血氣之疾，過此九十六歲之壽。個性活潑、圓融善交際，
對事理的敏感度高，能熟慮眼前所進行之事情，經判斷未來性
對自己不利，或所進行之事無法合己意，會毅然決然的中途放棄。

卯時生人（清晨 05：00～06：59）

◎卯時生人，父母兄弟妻子無力，初限中限作事無成，末限安穩
一生難守祖業，出家入贅，先凶後吉，十八，二十六歲上有災，
過此可延九十歲之壽。個性開朗，心地善良，相當熱心且熱誠，
常能無怨尤的主動助人，但本性具有見異思遷的特質。

辰時生人（早晨 07：00～08：59）

◎辰時生人，父禺兄弟妻子，水金在格，聰明伶俐，初限有財，中限破財，末限依舊光輝，十九，二十七，三十六，三十九小災，過此七十五歲之壽。耳軟、脾氣躁，是位實踐家，努力務實且頑固。

巳時生人（早上 09：00～10：59）

◎巳時生人，聰明伶俐，初限富貴，衣祿有餘，自家成立產業，骨肉刑剋之命，三十一，三十六，四十九有災，過此七十四歲之壽。外表和善，內心強硬，待人親切，常能持盈保泰，將心情保持愉快，缺點是個性多疑。

午時生人（中午 11：00～12：59）

◎午時生人，為人春風和氣，改換祖業，初限中限吉利，宜持齋作福，十三，三十二，三十六，四十九有疾，過此七十八歲之壽。待人處事圓融，交際手腕好，喜歡外出旅遊，凡事不拘小節，卻不容易得罪人。

未時生人（下午 13：00～14：59）

◎未時生人，父母不全，夫妻刑剋，勞碌成家之命，初限有財，中限驚恐，末限財祿有餘，十九，二十九，五十六有災，過此七十三歲之壽。個性正直重感情，會自尋煩惱，行事常有半途而廢的現象，外表給人一種正經八百、道貌岸然的感覺。

申時生人（下午 15：00～16：59）

◎申時生人，離祖則吉，父母兄弟不全，夫妻到老向善近貴之命，初限反覆，末限大好，十九，二十二，二十六，三十八，四十九有災，過此七十七歲之壽。常能得到長輩的關愛，但本身行事作風穩健度不夠，常會幻想愛慕虛榮，常有機會在成功與失敗之間打滾。

酉時生人（傍晚 17：00～18：59）

◎酉時生人，為人敦厚，難為父母兄弟，初限反覆，末限大好，二十二，二十八，三十八，四十九小災，過此七十七歲之壽。思維力細膩，交際手腕好，具才華及能力，有點愛管閒事。

戌時生人（晚上 19：00～20：59）

◎戌時生人，清俊秀美，一生聰明伶俐，天福祿亦主進退，初中二限，平安吉利，末限父母相助有力，生二子，一十六，二十九，三十六有災，過此有八十歲之壽。個性正直，行事作風始終如一，專心且專情，常因貴人提拔或部屬擁戴而獲致成功。

亥時生人（夜晚 21：00～22：59）

◎亥時生人，心直口快，招人是非，一生作事，辛勤勞碌，初限祖業難守，末限大好，此乃晚景之命，十九，三十九，五十六小災，過此八十九之壽。脾氣躁，不喜歡拐彎抹角，主觀意識強，常因固執已見，而多走許多冤枉路，但優點是做事專心。

第四節　專論紅鸞星動的意義

☆很多人結婚的時候幸福洋溢，以為可以從此跟另一半攜手共渡人生，不過，相愛容易相處難，於是有了所謂的「七年之癢」。而紅鸞星動是指走桃花運，因紅鸞、天喜星帶動的影響，導致該運限自發性對異性的渴望擁有，或是招來愛慕者的慇勤追求。而紅鸞星所在宮位走七年剛好是天喜星所在宮位，才產生了七年之癢的危機。

☆古書上對於「紅鸞」有一段註解，提到：「年少婚姻喜事奇，老人必主喪其妻。三十年前為吉要，五十年後不相宜」。這幾句話主要是談到「紅鸞星動」的問題。

一、命宮：思想浪漫、感情多變。紅鸞坐命的人異性緣是非常的好的，運用得當的話是人際關係上的一個助力，如果運用不好的話，這一生感情上的困擾也會變多的，而且紅鸞坐命的人會非常的早熟，所以可能會年紀很輕的時候就會進入兩性關係了。

二、兄弟宮：雁字成行、兄弟有情。如果紅鸞在兄弟宮而又沒有煞星的話，那麼和兄弟之間的感情是會非常的好的，可是如果有煞星的話可能就會誤交酒色的損友。

三、夫妻宮：感情主動、佔有慾強。紅鸞星在夫妻宮的時候，這代表對感情的態度，如果逢吉的話，夫妻感情會很好，如果逢凶的話，可能要注意有婚外情的可能。

四、子女宮：易生女兒、溺愛子女。紅鸞在子女宮的時候，會很疼愛子女，如果逢凶時，要注意不要溺愛子女，還有一個解釋是，對於兩性生活很樂於其中。

五、財帛宮：喜愛投機、財來財去。如果紅鸞在財帛宮而又沒有煞星的話，可以賺異性的財，可是要注意投機的事情不要去做。

六、疾厄宮：血液之疾、婦科之恙。如果紅鸞在疾厄宮的話可
　　能會有兩種疾病產生，一個是血液方面的疾病，例如高血
　　壓或低血壓，再來如果是男生的話，要注意泌尿系統的疾
　　病，女生的話要注意婦科方面的疾病。

七、遷移宮：出外有人緣、慎防仙人跳。紅鸞在遷移宮的人因
　　為桃花很旺，所以出外會很有人緣，可是如果逢到陰煞的
　　話要小心會遇到仙人跳。

八、交友宮：異性有助力、同性閃一邊。紅鸞在僕役宮的話代表
　　在工作上的助力大部分來自異姓，這個優點要好好的運用。

九、事業宮：桃花生我財、工作人緣好。如果是男生的話可以
　　從事例如化妝師、造型師，如果是女生的話就從事例如賣
　　男性商品等等，都會無往不利。

十、田宅宮：大屋小屋、美侖美煥。紅鸞在田宅宮的人不管是
　　住大房子或小房子也好，都會把房子佈置的美輪美奐，很
　　重視家裡的情趣跟居家的品質。

十一、福德宮：悶騷桃花、因艷破財。紅鸞在福德宮的桃花是
　　　隱性的，男孩子會因為桃花而破財，而女生也會因為感
　　　情而破財。

十二、父母宮：父母歡心。如果沒有逢煞星的話，父母親會非
　　　常的疼愛。但如果逢煞星的話，父母的愛會變成溺愛。

第五節　專論掌管愛情的夫妻宮

★說起婚姻，很多人還習慣地稱之為「終身大事」，不過嚴肅性
　顯然大不如前。畢竟，不管是好是壞，社會總在變化，能稱
　得上終身大事的東西也越來越多，有首歌在我的耳邊不斷亨
　唱著。

◎你是我的溫柔。

在奔波中我蓦然回首看看過去的年頭，
曾經努力得到的所有轉眼之間不停留
但妳卻永遠在我背後承受了壓力與憂愁，
縱然是汗在流嘗盡苦頭還是陪我往前走
脆弱是令人容易跌倒泛起失望的念頭，
有誰甘心向現實低頭還是無奈的接受
人總會有想哭的時候妳總會用妳的雙手，
悄悄的撫平了我的傷口不會讓別人知道
你是我的溫柔給我所有代替了一切哀愁，
不管天有多長地有多久無悔的為我守候
你是我的港口讓我停留停留在你的溫柔，
縱使天也會荒地也會老愛是沒有盡頭。

★如果世上的有情人都能同甘共苦的話，就不會有那麼多怨偶
了。夫妻本是同林鳥，怎能大難來時各紛飛，我相信，因為當
兩人都很愛對方，一定都會為了對方的幸福努力。就算遇到任
何困難我相信還是可以克服的。而且克服的勇氣變成是義務，
責任。如果愛情沒有麵包無法生存，但若真的愛對方，就更會
努力牽著對方的手一起往前走。沒有錢就分開的話就一定會幸
福嗎？麵包可以自己一個人賺、也能兩個人一起努力去賺起
來。但是能遇到一個他愛你、你也愛他的人卻不是件容易的
事。當你放棄了麵包選擇真愛，之後麵包還是能一起努力找尋
回來。當你放棄了真愛選擇麵包，之後你能篤定的說一定找得
回真愛嗎，有些東西努力後是回得來的，有些東西再怎麼努力
是怎麼也找不回的。有些東西是無價的，沒了就再也回不來
了，就再也遇不到那麼好的人了。

畢竟結婚、離婚在三年之內一氣呵成，絕對超乎愛神邱比特及月下老人所能想像，當然才貌是讓愛情男女快速結合的第一選項，而感情互動、財富考量加上相處之後的個性失調，才是離婚原因。藉由紫微斗數命盤的統計分析，才不會讓您誤蹈離婚、分手的這個地雷。

★夫妻宮解析

◎推算結婚年之秘訣：何時會結婚向來是適婚男女所關切。

☆先看本命盤格局屬何種格局〈殺破狼格、機月同梁格或……〉，其人婚緣之早晚。

☆那一個大限〈大運十年〉的「前五年」或「後五年」最有可能結婚。

☆當流年〈大歲〉或小限之三方及福德宮逢紅鸞、天喜、天姚、咸池、流年紅鸞、天喜等桃花星，而該年流年或小限走本命盤之夫妻宮〈官祿宮〉或大限之夫妻宮〈官祿宮〉，而星穩定時，較適宜結婚。

☆運限逢紅鸞，或流年紅鸞入本命「命宮」、「身宮」亦主正式姻緣。

☆流年或小限走其他宮位亦會結婚，惟情況各異，結果亦不同，如走子女宮、田宅宮、疾厄宮結婚者，大多「先上車後補票」或「奉兒女之命」結婚，走父母宮結婚者，多為奉父母之命或因父母、長輩介紹而結婚。

☆本命夫妻宮如有煞星座守無吉星來制，則晚婚為宜，男三十，女二十七歲以後方吉。

☆本命宮或第二大限命宮有紅鸞星座守，則主早婚命格，有天喜是早「訂婚」而已，未必是早婚。

☆女命武曲入命身宮者，婚緣較遲，蓋武曲寡宿星，宜男不宜女。孤辰、寡宿入命身宮或夫妻宮者，「男怕孤，女怕寡」，婚緣亦較遲。

☆運限走桃花星，大多是「同居」，亦有可能「結婚」，但非走夫妻、官祿宮〈婚姻線〉結婚者，較不持久，當運限之夫妻宮逢破時，極易分手。結婚年雙方小限之化忌不可走到對方命宮主星，否則必內藏是非。

【夫妻宮有紫微】

◎在選擇配偶時，眼光較高，所以不適合早婚，晚婚則婚姻較不會有所變化，仍能偕老。

◎配偶喜當家，同時有責任感，如果無法忍受，須互相忍讓。

　　【男性】妻子性情高強，有貴婦氣質，舉止端莊。

　　【女性】先生相貌莊重，膽大心細，品格高尚，操作能力強，能幹並且體貼。

☆夫妻宮有：破軍，結婚前會遭遇到破壞或困難。

☆夫妻宮的宮位是「辰、戌」，夫妻之間比較沒有緣份。

☆夫妻宮有天府、祿存，或夫妻宮對宮有：天府、祿存，夫妻能夠白頭偕老。

☆夫妻宮有天相，宜小配。

☆夫妻宮有貪狼、六吉，夫妻感情雖有周折，但無傷大雅。

☆夫妻宮有天壽，夫妻年齡有所差距。

【夫妻宮有天機】

◎配偶年齡相差甚大，性情機巧，持家有方。

☆夫妻宮有太陰，【男性】妻有內助，而且美麗。

☆夫妻宮有天梁，宜長配，或小六歲以上，若不遲婚，或男女雙方於結婚前，與第三者曾解除婚約或已發生過戀愛變化者。

☆夫妻宮有六煞，最好晚婚，或訂婚後容易產生變化。

☆夫妻宮有巨門，夫妻貌合神離。

【夫妻宮有太陽】

◎【男性】妻子性情爽直，有正義感，性急，有男人的心志，但本人卻為大男人主義者。

☆太陽化忌，且太陽的旺度陷，妻子性急多疑。

☆太陽的旺度廟，聰明慈祥，但須晚婚，如果早婚將會有刑剋。

◎【女性】丈夫個性直爽，有正義感，性急，但為大男人主義者。

☆太陽化忌，且太陽的旺度陷，刑剋丈夫或丈夫有病災。

☆太陽的旺度廟，嫁富貴之婿。

☆夫妻宮有太陰，有賢美的妻子。

☆夫妻宮有破軍，非禮而成婚。

【夫妻宮有武曲】

◎武曲的旺度廟，配偶以同年齡者為宜。否則夫妻刑剋，有生離再婚的現象。

　【男性】☆武曲的旺度廟，且夫妻宮有：六吉、化科，妻子賢能。

☆夫妻宮有祿存、天馬，因妻得財。否則必須晚婚，然後才能遇到好的對象。

☆夫妻宮有天姚，以自然相識自由戀愛者居多，而父母之命，媒妁之言，必生悔恨，非剋即離。

☆夫妻宮有七殺、破軍，三妻之命。

☆夫妻宮有擎羊、陀羅、火星、鈴星、破軍、七殺，容易有意外災福，或者因為妻子而破財。

☆夫妻宮有擎羊、陀羅、截空、天空、地劫、化忌，家庭生活單調，夫妻關係較為冷漠。

【夫妻宮有天同】

◎夫妻感情和睦，但必須晚婚，方能白頭偕老。

【男性】能娶賢妻，妻子聰明美麗，順從，脾氣好，有點稚氣。

【女性】能嫁良夫，溫柔體貼，頑童心重，感情生活美滿。

【夫妻宮有廉貞】

☆夫妻宮無六吉，容易因一言不合，而分離。

☆夫妻宮有化忌，因為男女之間的事發生口舌煩惱。時有感情糾紛，或離婚再娶。

☆夫妻宮有破軍、七殺，時常吵架，因不合而離者，否則刑剋。

☆夫妻宮有擎羊、陀羅、火星、鈴星、天刑，因為男女之間的事情而發生訟詞爭鬥。

【夫妻宮有天府】

◎配偶能力強，善於理財，男可得賢慧之妻，因妻得助。

【女性】可得情感豐富，英俊有為之丈夫；丈夫體格雄壯。

【夫妻宮有太陰】

【男性】並能取賢慧美麗的妻子。宜配比自己年少的妻子。

【女性】丈夫性情溫柔，有女子味道。宜配比自己年長的丈夫。

☆夫妻宮有文昌、文曲，配偶非常聰明，文章出眾，學有專長。

☆夫妻宮有太陽，夫妻可白頭偕老。

☆夫妻宮有天同、天機，能得到持家有方、聰明多才的賢內助。

☆夫妻宮有六吉，研究任何技術學問，能出人頭地，名利兼得。

【夫妻宮有貪狼】

◎夫妻感情不穩定。以遲婚或婚前數遇阻礙周折，或有破壞者為宜，否則主刑剋。

☆貪狼化忌，容易對配偶不滿。二人之學識、家世、年齡、或面貌，有不相稱之處。

☆夫妻宮有紫微，配偶善交際，能言善道。

☆夫妻宮有武曲，配偶個性強，婚姻多風波，不宜早婚。

☆夫妻宮有廉貞，配偶俊美，不宜早婚。

【夫妻宮有巨門】

◎配偶口才好，因配偶善辯，夫妻口舌多。宜老少配，夫妻年齡最好相差十歲以上。

常有口舌之爭、閑氣等情形，所以以長配為宜。戀愛必須波折，初戀不能結合。

容易在婚前與已婚者戀愛。

☆夫妻宮有太陽，性情豪爽，作事明朗，勇於負責。

☆夫妻宮有化權、化祿、祿存、左輔、右弼，助夫教子，聰明善解。

☆夫妻宮有天機、六吉，敏感聰明，美麗大方，持家有方。

☆夫妻宮有天同，雖聰明，有刑剋生離。

【女性】☆夫妻宮有：太陽、化權、化祿、祿存、左輔、右弼、天魁、天鉞，主嫁既貴且富之丈夫，多才多能，事業偉大，而為人所敬慕者。

☆夫妻宮有化忌，則口舌是非，都各以自己的理由為理由，多無意義的爭鬧。

☆夫妻宮有擎羊、陀羅、火、，鈴星、天刑，主刑剋分離，三嫁
　之命。

【夫妻宮有天相】

【男性】得聰明賢淑、持家有方、容貌美麗的妻子。妻子有依賴
　性。以長配或親上加親為宜。

【女性】丈夫有責任感，做事積極。

☆夫妻宮有紫微，得志高有計畫的妻子，以遲娶為宜。

☆夫妻宮有化權、化科、文昌、文曲、天才，主得多才多藝之妻子。

☆夫妻宮有武曲，但時有災傷或口舌，意見不合。

☆夫妻宮有武曲、破軍，主刑剋分離，或在結婚前曾與化人解除
　婚約，或結婚前阻礙極多，一再拖延者免剋。否則主二妻之命。

☆夫妻宮有廉貞，無刑剋。

☆夫妻宮有化忌，時常有口舌不和，或多病多憂。

☆夫妻宮有擎羊、陀羅、火星、鈴星、天空、地劫，主刑剋分離
　孤獨。

【夫妻宮有天梁】

◎宜長配，以年齡相差三歲以上者為宜（或小配而相差三歲以
　上者）。

【男性】娶賢妻，善理家務，有獨撐家庭之能力，若為職業婦
　女，則偏文職，如教師之工作者。

【女性】先生是管家郎，喜干涉或掌管家務。

☆夫妻宮有太陰，容貌美麗，但以遲婚、再婚為宜，否則主離異。
　但雖分離，然每多藕斷絲連，以結婚前曾與他人有解除婚約者
　為宜，或極遲結婚可免。

【夫妻宮有七殺】

◎配偶個性強烈，感情淡薄，多是閃電結婚者，感情易變。

【男性】☆七殺的旺度廟，且夫妻宮有：祿存、化祿、化權、化科，主得精明有為的妻子，但在結婚前，多阻礙波折，破壞延期者方合。

☆七殺的旺度廟，且夫妻宮有：六吉，主得地位崇高之丈夫。

☆夫妻宮的宮位是「卯、酉」，主災禍，刑剋分離或有痨病、心臟病、腦神經病。

☆夫妻宮有左輔、右弼、天府、天魁、天鉞、解神、天德，主妻子莊重有威，為眾人所敬服，幫夫益子之上格，但必須遲，娶否則奪夫權；或則生離分居。

☆夫妻宮有廉貞、六煞，亦主生離分居，或為病災所纏，妻子如有實無。

☆夫妻宮有六煞，主刑剋分離，以遲婚繼室為宜，或婚前疊遭周折，破壞延遲。

☆夫妻宮有化忌，有丈夫轉移情愛之慮，或婚前有被奪愛的刺激。

☆夫妻宮有六煞、天刑、大耗，有意外災禍刑傷，或牢獄之災等情發生。

【夫妻宮有破軍】

◎主刑剋分離或有夫妻之名而無夫妻之實。早婚主剋。

以遲婚而在結婚前遭遇他破壞中傷，而至風波周折，反主能偕老。但主在結婚後再有出門、分居，遠離等情發生者方合。或則繼室偏房或不舉行結婚禮式之同居反宜。婚姻不正常，夫婦難和諧，主獨具不同之婚姻觀念，不是婚前婚後有同居事，即抱獨身主義。不喜受現時婚姻觀之約束，晚婚較宜。

【男性】☆夫妻宮的宮位是「子、午」，妻奪夫權。

☆結語

☆「執子之手，與子偕老」，這是每對夫妻牽手時所許下的諾言，也是夫妻共同努力經營婚姻的目標，更是現今社會倫理最需要的穩定力量，因為美滿的婚姻是家庭和諧的重要基礎。

☆相處之道：人間和氣運福開，家中吵鬧便生災，暗中再加鄰居笑，定規沒有好日來，夫妻姻緣前生定，夫唱婦隨萬事成，百世修來共船渡，千世修來共枕眠，丈夫不可嫌妻醜，妻子切莫嫌夫貧，妻子醜陋前生定，夫家貧苦命生成，命好不到貧家去，命窮難進富家門，夫為家門圖發達，妻勤節儉助良人，平心思念姻緣美，等級無分敬如賓。

☆謹此祝福天下所有平凡夫妻們，恩愛同心，攜手到永遠。

第六節　專論維護幸福姻緣的福德宮

★根據內政部統計，二〇〇六年台灣有六萬多對夫妻離婚，高居亞洲之冠。福德宮和婚姻中悲歡離合的際遇有著密切關係，也是婚姻的氣數位，代表當事者對婚姻的經營維護能力，可以從中解讀姻緣是否幸福，在愛情的拔河賽中能否享有福報。而二〇〇八年以後離婚率會下降，主要靠讀者將心比心。

【福德宮】

【福德宮有紫微】

◎在當事者的婚姻裡，會覺得自己是帝王，會有人喜歡跟自大狂做夫妻嗎？再濃烈的愛情也會被爭吵和冷漠消磨殆盡，這樣的婚姻當然容易出問題。

◎福根甚厚，得貴人扶持，且貴人為年長或高階人士；對幫你的
　事情，相當熱心，能夠享受崇高富貴之樂。人勤奮，熱心公益，
　有涵養。

☆福德宮有天府、天相，終身福厚

☆福德宮有破軍，勞心勞力。

☆福德宮有陀羅，容易自尋煩惱。

☆福德宮有火星，做事比較急。

【福德宮有天機】

◎求知慾望高，喜歡思考，好奇心重。如不出勞力，也得勞心。
　內心總是閒不住，滿腦子的想法。最適合去研究神佛及玄學。

☆福德宮有天梁，能自尋享受。

☆福德宮有巨門，勞心勞力。

☆福德宮有太陰，在鬧中喜靜趣。

☆天機化忌，多顧忌，進退多慮，操勞失眠。

☆福德宮有擎羊、陀羅，容易自尋煩惱，終日碌碌。

☆福德宮有火星、鈴星、天空、地劫、天刑、大耗，勞碌奔忙，
　福薄心煩。

【福德宮有太陽】

◎能得貴人相扶，處事積極，生活充滿生氣，但個性略帶急燥。
　【女性】能夠得到一個熱情的夫婿，而能享受快樂。

☆福德宮有太陰，能享快樂。

☆太陽的旺度、陷，自尋忙碌，閒不下來。

☆福德宮有巨門，事事操心費神。

☆福德宮有六煞，容易因誤會而滋生是非，或受壓力，且時常奔
　走忙碌不停。

【福德宮有武曲】

◎勞心勞碌，固執急燥。

☆福德宮有化忌，費精費神。

☆福德宮有破軍、陀羅，奔走忙碌。

☆福德宮有天相，能享晚年清福。

【福德宮有天同】

◎福厚，能享福，且快樂，食祿更豐。懂得人情世故，善解人意，
察言觀色，反應敏捷。

☆福德宮有太陰，能安逸享樂。

☆福德宮有巨門、陀羅，時常自尋煩惱。

☆福德宮有化忌，容易煩燥不安或是非紛擾於身。

【福德宮有廉貞】

◎忙碌，勞碌命，身心無法閑下來，雖富裕仍多憂慮，心思易變。

☆福德宮有化忌，時常有打不開的心結，經常纏繞自己的心思，
宜設法忙裏偷閑，快樂一些。

☆廉貞的旺度、廟，且福德宮有：天相、天府，是個多福壽，快
樂享受之命。

☆福德宮有破軍，勞心勞力。

☆福德宮有擎羊、陀羅、火星、鈴星、天空、地劫，無福奔忙。

【福德宮有天府】

◎知足、樂觀、冷靜、有定力。主福厚，一生富足，衣食無缺。

◎重視安全感，危機意識頗高的天府星，就算很喜歡為反對而反
對，鬧彆扭時很不可理喻，一旦發現自己的無理霸道可能危及
婚姻時就會稍事收斂，絕不會輕言分手。

☆福德宮的宮位「寅」，少憂慮，能享福。

☆福德宮有武曲、七殺，身安心勞。

☆福德宮有陀羅、火星，自尋煩惱。

☆福德宮有擎羊、天刑，心中煩悶、不安。

☆福德宮有天空、地劫、大耗，忙碌。

【福德宮有太陰】

◎較有異性緣，思想浪漫，注重精神生活。

◎太陰坐入落陷的宮位，就會是一個感情豐富，心情起伏不定，
比較飄忽散漫或流於幻想，自作多情又愛鑽牛角尖之人，婚姻
自然也會產生較多變數，也容易為情所困。

☆太陰的旺度、廟，福厚能享受。

☆太陰化忌，外表安靜，內心不安，心事不敢說出來。

☆福德宮有天機，主不安寧。

☆福德宮有火星、陀羅，容易自尋忙碌或自尋煩惱。

☆福德宮有天空、地劫，愛幻想，空想太多。

☆福德宮有擎羊、鈴星，不滿足。

【福德宮有貪狼】

◎是一個完美主義者，好勝心強，慾望多，有口福。但還是很理
智，理智勝於感情。

◎七殺、破軍、貪狼在福德宮：殺、破、狼星系落入福德宮，必
然是個無法安於現狀，勇於挑戰人生的人，主觀，強勢，念舊，

重感情，但也桀驁不馴，獨佔心很強，並且醋勁十足，無法忍
受背叛，有寧為玉碎不為瓦全的完美心態。

☆福德宮有六吉，且貪狼的旺度、廟，為人享樂，有飲酒的嗜好，
或喜賭博的消遣。

☆福德宮有廉貞，東西奔走，福少不安。

☆福德宮有紅鸞、天喜、咸池、天姚，雖至老年，仍風流自賞。

☆福德宮有擎羊、陀羅、天空、地劫、大耗、天刑，多煩惱，多
糾紛，福薄不安。

☆福德宮有火星、鈴星，雖能享福，但性急氣躁。

【福德宮有巨門】

◎勞心勞力，費精費神。

◎巨門星本來就敏感多疑善變，落在福德宮最怕化忌，或照會凶
星，更使人心神不寧，會把芝麻小事都看在眼裡，不但自尋煩
惱，作為他的另一半很容易動輒得咎，婚姻生活自然有著沒完
沒了的衝突。

☆巨門化忌，心神不定，失眠，舉棋不定，做事不能一氣呵成，
半途每思改變，或取消重做。

☆福德宮有天機，改變心很重，時常做事半途改動，或從頭再做
過，或追悔，為人敏感。

☆福德宮有太陽，雖操心，但能享受。

☆福德宮有天同，且福德宮無：六煞，能快樂安寧。

☆福德宮有擎羊、陀羅、火星、鈴星，常自尋煩惱，胸悶氣結，
多憂多慮，口舌糾紛，無福可享。

【福德宮有天相】

◎天相星在福德宮的人，懂得享受，也善於製造生活情趣，若是夫妻兩人相知相惜，而且身家旗鼓相當，在溝通上沒太大的問題，倒也能相互體諒扶持，恩愛的生活。

☆福德宮有天府，且福德宮四正有：化祿、祿存、左輔、右弼，享受快樂，富貴壽考。

☆福德宮有化忌，多思多慮，心神不寧。

☆福德宮有武曲、破軍，奔波勞神。

☆福德宮有天空、地劫，多幻想，少實行，福薄。

☆福德宮有擎羊、陀羅、火星、鈴星，無福不安定，事多不能達到目的，多枝節。

【福德宮有天梁】

◎能自己找到精神的依靠，作文學之興趣。能得祖上福蔭及長輩關懷。

◎天梁的旺度、廟，主安樂享受，安暇，有名士風趣，隨便不緊湊，樂天派，不喜動。

☆天梁的旺度、陷，懶惰拖延，時或延誤正事。

☆福德宮有太陽，且有左輔、右弼、天魁、天鉞、天貴、恩光、天巫，福厚祿重，能富能貴。

☆福德宮有天同，安定。

☆福德宮有天機，勞心勞神。

☆福德宮有化忌，無福多煩惱。

☆福德宮有陀羅，自尋忙碌。

☆福德宮有擎羊、火星、鈴星，福薄，多糾紛，多是非，不安定。

【福德宮有七殺】

◎主操勞、急燥，身心不兩閒。【女性】主剋夫刑傷，以遲婚、
　繼室、偏房為宜。

☆七殺的旺度、廟，且福德宮有：六吉，主福厚志高。但主不利
　妻子，有刑剋、遲娶等情。

☆福德宮有武曲，主心煩不安。

☆福德宮有化忌，則多憂多慮，多是非。

☆福德宮有廉貞，主忙碌。

☆福德宮有紫微，志太高，常因事實不能符合理想而煩惱。

☆福德宮有六煞、大耗、天刑，主費心費神，勞心勞力。

【福德宮有破軍】

☆福德宮的宮位是「子、午」，安樂少思慮。精神虛耗，自尋煩
　惱，一生勞碌勞心。

☆福德宮有武曲，勞心勞力。

☆福德宮有廉貞，辛苦忙碌。

☆福德宮有化忌，多憂多慮，舉棋不定。

☆福德宮有紫微，能自我陶醉，自得其樂

☆福德宮有六煞，煩惱不安定。

第七節　從紫微斗數看疾病

★從紫微斗數看疾病，必須具有中醫陰陽五行和臟腑五行所屬的
　基本知識，否則，便無法推算和評估。

＊（參考第二章、姓名學剖析之五行天人相關簡表）
　命盤上十二地支宮位所屬之方位及其五行關係，請參考底下圖示。

加入表三十二

巳：東南偏南（屬火）	午：正南（屬火）	未：西年偏南（屬土）	申：西南偏西（屬金）
辰：東南偏東（屬土）			酉：正西（屬金）
卯：正東（屬木）			戌：西北偏西（屬土）
寅：東北偏東（屬木）	丑：東北偏北（屬土）	子：正北（屬水）	亥：西北偏北（屬水）

【疾厄宮有紫微】

◎有脾臟及腸胃之疾，胸悶氣脹，寒弱濕然膨脹，嘔吐腹瀉之症。

◎晚年注意高血壓、富貴病。大腦中樞、脾臟、胰臟〔糖尿病、
　　敗血病、食慾不振、消化系統免疫力〕。

☆疾厄宮有破軍，易患性病或暗病。

☆疾厄宮有貪狼，個性喜好色慾。

☆疾厄宮有天姚、咸池，有手淫遺精等症。

☆疾厄宮有擎羊，易有意外血光的災厄。

☆疾厄宮有陀羅、鈴星，因病動手術。

【男性】包皮長。否則有暗疾。

【女性】☆疾厄宮有：紅鸞、天喜，經期不準，白帶及子宮暗疾。

☆疾厄宮有火星，有濕氣或皮膚病。

☆疾厄宮有天空、地劫，眼昏、胃疼。

☆疾厄宮有左輔、右弼、天府，有胃病。

【疾厄宮有天機】

◎肝膽的疾病，肝火旺盛，性情急燥，有肝胃疾，頭昏，耳聾，
　　眼花，齒落等症候。

◎神經系統易發生問題，尤其以四肢易受影響，四肢易受傷。

☆疾厄宮有文曲、化忌，四肢肌肉傷硬或萎縮。

【女性】

☆疾厄宮有太陰、紅鸞、天喜、咸池、天姚，經期不準，有暗疾
　或子宮不正。

☆疾厄宮有擎羊、天刑、大耗，曾因疾病動過手術。

【疾厄宮有太陽】

◎血壓高、頭眩、雙目昏花或眼中有血絲，肝火旺、頭痛、大腸
　乾燥、痔瘡便血、耳鳴等疾症。

☆疾厄宮有擎羊、陀羅、化忌，眼目有損傷，或近視、散光及眼
　白不清等症。

☆疾厄宮有太陰、六煞，易患破傷風。

☆疾厄宮有巨門，或疾厄宮對宮有：巨門，慎防口舌瘡痛。

☆疾厄宮有陀羅、天刑，為半身不遂的表徵。

☆疾厄宮有天梁，內分泌失調的表徵。

【疾厄宮有武曲】

◎呼吸系統疾病，如音沙啞、哮喘、語塞、氣結、鼻塞、肝旺、
　大腸秘結、易感冒。

☆疾厄宮有天馬、火星，有咳嗽、吐血、肺病氣喘等症。

☆疾厄宮有擎羊、陀羅、鈴星、火星、天刑、天空、地劫，一生
　多災或因病動手術。

【疾厄宮有天同】

◎陰虛不足，腎臟、膀胱、尿道、疝氣、子宮及淋病、痔瘡等症。

☆疾厄宮有天梁，有肝胃氣痛。

☆疾厄宮有太陰，胸悶、水脹、腳腫、濕氣、癱瘓症。

【疾厄宮有廉貞】

◎所患病症多屬疑難雜症，小病不好醫，大病醫不了主心火燥急，口腔嘴角潰爛。

又主流行性感冒，花柳，手淫，心氣不足，失眠，十二指腸。

【女性】經期不準、經血不足。

☆疾厄宮有貪狼，主性器官疾病，子宮不正，婦女暗病。

☆疾厄宮有天相，糖尿病、結石。

☆疾厄宮有七殺，肺病、支氣管、咳嗽、鼻子過敏。

☆疾厄宮有破軍，主結石、容易意外受傷。

【疾厄宮有天府】

◎有胃病、腳氣、黃腫、腿浮腫、口臭、鼓脹等症狀。

☆疾厄宮有廉貞，主濕火症或胃熱，嚴重者為胃出血。

☆疾厄宮有右弼、天相，因寒胃痛。

【疾厄宮有太陰】

◎易有虛癆、陰痿、瀉痢、鼓脹、腳腫、濕氣、脾胃、小腸濕熱之症。也因腎臟不健全，常致眼睛昏花。

☆疾厄宮有陀羅，牙齒不好。

☆疾厄宮有天機，或疾厄宮對宮有天機，神經系統衰弱或過敏。

【疾厄宮有貪狼】

◎主肝膽、腎臟、桃花病等症，以及因腎疾引發之心臟病。另主疑症，不易治療，醫師找不到病源者。

【女性】主子宮不正，或宮冷無生育。

☆疾厄宮有紫微，色慾強，故主由色慾引起之疾患。

【疾厄宮有巨門】

◎主陰損、暗傷、肺病、陰疽、胃癌等症。

☆疾厄宮有天機，肝胃不和或腸胃多氣，心悶鬱結。

☆疾厄宮有太陽，血壓高，目疾頭昏頭痛、虛火上升。

☆疾厄宮有陀羅，半身不遂。

☆疾厄宮有天同，坐骨神經痛腰痛肌肉日削月朘，或膿血濕瘡等症。

☆疾厄宮有祿存、化祿，胃病。

☆疾厄宮有化忌，口瘡病多。

【疾厄宮有天相】

◎主要在腎臟及排洩系統的疾患。【女性】經痛帶病。

☆疾厄宮有武曲、破軍，主破相或面上有疤。

☆疾厄宮有紫微，胸悶氣脹，皮膚濕瘡。

☆疾厄宮有廉貞，有糖尿、膀胱或腎臟結石。

☆疾厄宮有紅鸞、咸池，有淋濁、梅毒或遺精手淫等症。

☆疾厄宮有天空、地劫、天虛，身體虛弱虧損。

☆疾厄宮有擎羊、陀羅、天刑，主風濕骨痛或動手術，並心跳或心臟衰弱、手足不便等症。

☆疾厄宮有火星、鈴星、天月，主感冒嘔吐或皮膚濕症。

【疾厄宮有天梁】

◎雖有病災，亦多能轉危而安。

☆疾厄宮有擎羊、陀羅、天刑，主外傷手腳，內則筋骨胸腰受傷，或盲腸開刀。

☆疾厄宮有火星、鈴星，乳癌、胃癌、瘡瘤等症。

☆疾厄宮有天空、地劫、大耗，主有風濕、麻痺、酸痛等病痛。

☆疾厄宮有天月、陰煞，主有時症感冒、傷風頭眩等情。

【疾厄宮有七殺】

◎主幼年多災病，或性情躁急，易怒。

☆疾厄宮有廉貞，主癆傷、肺病、咳血等症。

☆疾厄宮有紫微、天府，主內傷、腸胃不和。

☆疾厄宮有擎羊，主盲腸、瘤症、便血。

☆疾厄宮有武曲，主刑傷。

☆疾厄宮有陀羅，手足殘傷。

☆疾厄宮有火星，目疾。

☆疾厄宮有龍池，耳聾。多陰虛、內傷之症。

【疾厄宮有破軍】

☆幼年多膿血之災。【女性】主經痛或赤白帶下。

☆疾厄宮有武曲，主牙痛拔牙，並主目疾、陰虧、遺精，陽痿，瀉肚。

☆疾厄宮有擎羊，有開刀動手術等情。

第八節　關聖帝君救劫文

帝君曰：人生在世，貴盡忠孝節義等事，方於人道無愧，可立身於天地之間，若不盡忠孝節義等事，身雖在世，其心已死，是為偷生。凡人心即神，神即心，無愧心，無愧神，若是欺心，便是欺神。故君子三畏四知，以慎其獨。勿謂暗室可欺，屋漏可愧，一靜一動，神明鑒察；十目十手，理所必至，況報應昭彰，不爽毫髮。

淫為萬惡首，孝為百善先。但有逆理，於心有愧者，勿謂有利而行之；凡有合理，於心無愧者，勿謂無利而不行。若負吾教，請試吾刀。

敬天地、禮神明，奉祖先、孝雙親，守王法、重師尊，愛兄弟、信朋友，睦宗族、和鄉親，敬夫婦、教子孫；時行方便，廣積陰德；救難濟急，恤孤憐貧；創修廟宇，印造經文；捨藥施茶，戒殺放生；造橋修路，矜寡拔困；重粟惜福；排難解紛；捐資成美，垂訓教人；冤讎解釋；斗秤公平；親近有德，遠避凶人；隱惡揚善，利物救民；回心向道，改過自新；滿腔仁慈，惡念不存；一切善事，信受奉行；人雖不見，神已早聞；加福增壽，添子益孫；災消病減；禍患不侵；人物咸寧，吉星照臨；若存惡心，不行善事；淫人妻女，破人婚姻；壞人名節，妒人技能；謀人財產，唆人爭訟；損人利己，肥家潤身；咒天怨地，罵雨呵風；謗聖毀賢，滅像欺神；宰殺牛犬，穢溺字紙；恃勢欺善，倚富壓貧；離人骨肉，間人兄弟；不信正道，奸盜邪淫；好尚奢詐，不重勤儉；輕棄五穀，不報有恩，瞞心昧己，大斗小秤；假立邪教，引誘愚人；詭說升天，斂物行淫；明瞞暗騙，橫言曲語；白日咒詛，背地謀害；不存天理，不順人心；不信報應，引人做惡；不修片善，行諸惡事；官詞口舌，水火盜賊；惡毒瘟疫，生敗產蠢；殺身亡家，男盜女淫；近報在身，遠報子孫；神明鑒察，毫髮不紊；善惡兩途，禍福攸分；善有福報，作惡禍臨；我作斯語，願人奉行；言雖淺近，大益身心。戲侮吾言。斬首分形。有能持誦，消凶聚慶。求子得子，求壽得壽。富貴功名，皆能有成。凡有所祈，如意而獲。萬禍雪消，千祥雲集。諸如此福，惟善所致。吾本無私。惟佑善人。眾善奉行，毋怠厥志。

國家圖書館出版品預行編目

破解命理詐騙：論紫微斗數與姓名學 / 謝士元
著 . --一版 . --臺北市：秀威資訊科技，
2008.03
　　面；　公分 . --(哲學宗教類 ; PA0022)

ISBN 978-986-6732-92-8 (平裝)

1.紫微斗數　2.姓名學　3.欺騙

293.11　　　　　　　　　　　　　97004715

哲學宗教類　PA0022

破解命理詐騙──
論紫微斗數與姓名學

作　　者 / 謝士元
發 行 人 / 宋政坤
執行編輯 / 林世玲
圖文排版 / 黃莉珊
封面設計 / 李孟瑾
數位轉譯 / 徐真玉　沈裕閔
圖書銷售 / 林怡君
法律顧問 / 毛國樑　律師
出版印製 / 秀威資訊科技股份有限公司
　　　　　台北市內湖區瑞光路 583 巷 25 號 1 樓
　　　　　電話：02-2657-9211　　傳真：02-2657-9106
　　　　　E-mail：service@showwe.com.tw
經 銷 商 / 紅螞蟻圖書有限公司
　　　　　台北市內湖區舊宗路二段 121 巷 28、32 號 4 樓
　　　　　電話：02-2795-3656　　傳真：02-2795-4100
　　　　　http://www.e-redant.com

2008 年 4 月 BOD 一版
定價：230 元

讀 者 回 函 卡

感謝您購買本書，為提升服務品質，煩請填寫以下問卷，收到您的寶貴意見後，我們會仔細收藏記錄並回贈紀念品，謝謝！

1. 您購買的書名：＿＿＿＿＿＿＿＿＿＿＿＿＿＿＿＿＿

2. 您從何得知本書的消息？

　□網路書店　□部落格　□資料庫搜尋　□書訊　□電子報　□書店

　□平面媒體　□朋友推薦　□網站推薦　□其他＿＿＿＿＿

3. 您對本書的評價：(請填代號　1.非常滿意 2.滿意 3.尚可 4.再改進)

　封面設計＿＿　版面編排＿＿　內容＿＿　文/譯筆＿＿　價格＿＿

4. 讀完書後您覺得：

　□很有收獲　□有收獲　□收獲不多　□沒收獲

5. 您會推薦本書給朋友嗎？

　□會　□不會，為什麼？＿＿＿＿＿＿＿＿＿＿＿＿＿＿

6. 其他寶貴的意見：＿＿＿＿＿＿＿＿＿＿＿＿＿＿＿＿

　＿＿＿＿＿＿＿＿＿＿＿＿＿＿＿＿＿＿＿＿＿＿＿＿

　＿＿＿＿＿＿＿＿＿＿＿＿＿＿＿＿＿＿＿＿＿＿＿＿

　＿＿＿＿＿＿＿＿＿＿＿＿＿＿＿＿＿＿＿＿＿＿＿＿

讀者基本資料

姓名：＿＿＿＿＿＿＿＿＿　年齡：＿＿＿　性別：□女 □男

聯絡電話：＿＿＿＿＿＿＿　E-mail：＿＿＿＿＿＿＿＿

地址：＿＿＿＿＿＿＿＿＿＿＿＿＿＿＿＿＿＿＿＿＿＿

學歷：□高中(含)以下　□高中　□專科學校　□大學

　　　□研究所(含)以上 □其他＿＿＿＿＿＿＿

職業：□製造業 □金融業 □資訊業 □軍警 □傳播業 □自由業

　　　□服務業 □公務員 □教職　□學生 □其他＿＿＿＿＿

秀威與 BOD

BOD（Books On Demand）是數位出版的大趨勢，秀威資訊率先運用 POD 數位印刷設備來生產書籍，並提供作者全程數位出版服務，致使書籍產銷零庫存，知識傳承不絕版，目前已開闢以下書系：

一、BOD 學術著作—專業論述的閱讀延伸
二、BOD 個人著作—分享生命的心路歷程
三、BOD 旅遊著作—個人深度旅遊文學創作
四、BOD 大陸學者—大陸專業學者學術出版
五、POD 獨家經銷—數位產製的代發行書籍

BOD 秀威網路書店：www.showwe.com.tw
政府出版品網路書店：www.govbooks.com.tw

　　　永不絕版的故事・自己寫・永不休止的音符・自己唱